Paris

1895

Boutmy, Émile

Le Recrutement des adminsitrateurs coloniaux

Le Recrutement des Administrateurs coloniaux

PAR

Émile BOUTMY
Membre de l'Institut
Directeur de l'École des Sciences politiques.

PARIS
Armand Colin & Cie, Éditeurs
Libraires de la Société des gens de Lettres.
5, rue de Mézières, 5

LE RECRUTEMENT

DES

ADMINISTRATEURS COLONIAUX

A LA MÊME LIBRAIRIE

La France coloniale, *Histoire, Géographie, Commerce,* par M. ALFRED RAMBAUD, professeur à la Faculté des lettres de Paris, avec la collaboration d'une Société de géographes et de voyageurs; ***nouvelle édition.*** 1 vol. in-8 avec 13 cartes en couleur, broché . . . . 8 »

La Colonisation de l'Indo-Chine, *l'Expérience anglaise,* par M. J. CHAILLEY-BERT, membre du Conseil supérieur des Colonies. 1 vol. in-18 jésus, broché. . . . . 4 »

L'École coloniale et les décrets du 23 novembre 1889, par M. DENOYER DE SEGONZAC, ancien officier de marine, directeur de la Mission chinoise d'instruction. Brochure in-8 » 50

Un Épisode de l'Expansion de l'Angleterre; lettres au *Times* sur l'Afrique du Sud, traduites avec l'autorisation spéciale du Conseil de rédaction du *Times* et précédées d'une introduction par M. le colonel BAILLE. 1 vol. in-18 jésus, avec une carte de l'Afrique australe, broché. 3 50

Cahiers coloniaux de 1889, réunis et présentés par M. HENRI MAGER, membre du Conseil supérieur des Colonies. 1 vol. in-18 jésus, broché. . . . . 4 »

Atlas général Vidal-Lablache, Historique et Géographique, par M. P. VIDAL DE LA BLACHE, sous-directeur et maître de conférences de géographie à l'École normale supérieure. — **420 cartes et cartons** en couleur. — Index alphabétique de **46,000 mots.** 1 beau volume in-folio, relié toile. . . 30 »
Reliure amateur. 40 »

Ouvrage couronné par la Société de Géographie de Paris (Prix Barbié du Bocage).

Coulommiers. — Imp. PAUL BRODARD. — 85-95.

LE RECRUTEMENT

DES

ADMINISTRATEURS COLONIAUX

PAR

ÉMILE BOUTMY

Membre de l'Institut

Directeur de l'École des Sciences politiques

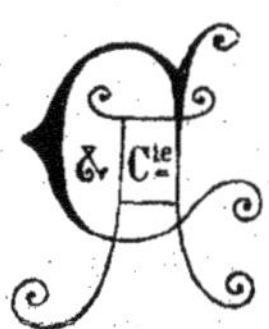

PARIS

ARMAND COLIN ET Cie, ÉDITEURS

Librairés de la Société des Gens de lettres

5, RUE DE MÉZIÈRES, 5

1895

LE RECRUTEMENT

DES

ADMINISTRATEURS COLONIAUX

Notre domaine colonial est devenu un immense empire. Tout le monde s'accorde à penser qu'il serait très dangereux d'abandonner au hasard la sélection des agents destinés à y représenter l'État, plus dangereux de la faire dépendre de la seule faveur, laquelle est trop souvent déterminée par des obsessions étrangères au bien public. Des intérêts considérables sont liés à la bonne composition de ce personnel. Il ne s'agit de

1.

rien moins que de concilier à la France des populations ou des dynasties ombrageuses, de conjurer ou de réprimer des rebellions, de prévenir des difficultés avec les puissances limitrophes, de favoriser la colonisation, d'aider à l'expansion du commerce et de l'industrie...... Si l'autorité supérieure ne se met pas en mesure de trier judicieusement les hommes préposés à ces tâches difficiles, les affaires de nos nationaux dans nos possessions d'outre-mer et l'avenir même de notre domination peuvent se trouver irrémédiablement compromis.

C'est donc avec raison que le Gouvernement s'est préoccupé d'entourer de conditions protectrices le recrutement des fonctionnaires coloniaux. Le décret organique du 22 novembre 1889, qui a institué une école coloniale, et les nombreux décrets qui ont suivi n'ont pas d'autre objet. Le système adopté se ramène à trois ou quatre points nettement caractérisés : une école d'État, école unique, établie à Paris; cette école appelée à préparer des fonctionnaires tant judiciaires qu'administratifs pour *tout l'ensemble* de nos possessions coloniales; l'intégralité ou la grande majorité des postes de début réservés aux élèves diplômés de l'établissement; les positions de tout ordre, dans chaque section afférente à un groupe colonial, laissées au choix des concurrents dans l'ordre que déterminent leurs numéros sur la liste de capacité; un stage d'une année aux colonies dans une position d'attente, puis une titularisation avec la garantie d'un avancement hiérarchique régulier.

Il ne paraît pas, jusqu'à présent, que l'expérience ait prononcé en faveur de cette organisation, qui contient sans doute plusieurs parties recommandables. Au reste, le premier décret porte la marque d'une extrême précipitation, causée sans doute par le désir de répondre sans retard aux exigences d'une opinion alors impatiente, qui s'est fort apaisée depuis. De là un défaut de maturité dans la conception et de justesse dans le choix des moyens, qui n'a pu être corrigé par les mesures subséquentes. On a toujours beaucoup de peine à se bien tirer d'une question qui a été d'abord mal engagée. Le fait que l'École coloniale n'a ni obtenu ni recherché la consécration parlementaire et budgétaire, les nombreuses modifications apportées successivement à son organisation et à son privilège, l'état d'instabilité, d'imperfection et d'incohérence où est resté l'enseignement, nous autorisent à penser que le Département compétent a conscience de n'avoir fait qu'un essai, qu'il n'y a pas mis au jeu son amour-propre, qu'il n'est peut-être pas éloigné d'admettre la nécessité d'un *nouveau départ* et qu'en tout cas il est resté libre d'accueillir les observations que les hommes familiarisés avec ces questions peuvent avoir à lui présenter [1].

1. J'aurais d'autant plus mauvaise grâce à critiquer la tentative où s'est engagée l'administration des colonies, que je lui avais en quelque sorte donné l'exemple, en créant dès 1886 une section coloniale à l'École des sciences politiques. L'organisation n'embrassait pour commencer que la préparation à l'Indo-Chine; mais je confesse que, faute d'expérience et de réflexion, j'entretenais alors la chimère d'une section successivement élargie, où chaque colonie à son tour et à son heure aurait trouvé place. J'ai été graduellement détrompé par l'étude des éléments et des conditions de notre empire colonial, par les observations que j'ai pu faire à l'École même, par les avis concordants des hommes compétents et supérieurs qui m'avaient prêté leur concours, par les enquêtes auxquelles je me suis livré sur les systèmes en vigueur à l'étranger, spécialement en Angleterre et en Hollande. Il y a trois ans, la section coloniale a été supprimée, après une délibération approfondie, par le Conseil de perfectionnement de l'École, et les éléments en ont été versés en partie dans les autres sections. Cette suppression, sur laquelle, comme on le verra par les pages qui suivent, je n'ai ni l'intention ni la tentation de revenir, me met à l'aise pour traiter devant le public la question du recrutement des administrateurs coloniaux. Je l'aborde avec une conviction pro-

fonde, qui est le résultat d'une expérimentation et d'une information poursuivies pendant plus de cinq années. Les personnes qui me font l'honneur de lire quelquefois ce que j'écris reconnaîtront, pour les avoir déjà rencontrées dans d'autres publications, plusieurs des idées dirigeantes auxquelles j'ai été amené par une longue carrière d'éducateur. Je n'ai sans doute pas à m'en excuser. Presque toutes les questions de l'ordre de celle qui est traitée ici ne peuvent être résolues qu'à la lumière d'une psychologie et d'une pédagogie très simples, ce me semble, mais dont les principes sont assez profondément situés. Hors de là, il n'y a place que pour l'empirisme, la fantaisie ou l'esprit de système.

I

Le premier point à dégager, c'est qu'aucun empire colonial au monde ne présente une plus grande diversité de types que le nôtre. Nous avons des colonies de peuplement, où les Français peuvent s'acclimater à côté des indigènes, des colonies d'exploitation agricole et industrielle qui ne nous demandent que des capitaux avec un petit nombre d'hommes actifs, préposés à la mise en valeur des richesses naturelles; des colonies qui ne sont que des comptoirs commerciaux, des colonies d'exportation aventureuse et d'échange en nature, des colonies de *magnificence* ou de lointain avenir, des colonies de transportation pénale. Les populations que nous y rencontrons sont inégalement civilisées, et les plus considérables, celles avec lesquelles il faut compter, ne se ressemblent ni par le passé et les coutumes, ni par les croyances et les préjugés, ni par l'humeur et le caractère. Les rôles qui incombent à nos agents changent d'une colonie à l'autre avec le but économique que nos nationaux y poursuivent, avec la nature de notre établissement, avec les mœurs et le degré de culture des indigènes, avec les stipulations internationales qui fondent ou limitent nos droits de possession ou de protection. A ces différences répondent nécessairement des différences non moindres dans les qualités naturelles et acquises, dans l'instruction théorique et l'éducation pratique à exiger des hommes appelés à remplir ces rôles. Ici ce sera l'aptitude et le tact délié du futur diplomate, là les talents et les ressources de l'administrateur, plus loin l'expérience de l'homme initié aux conditions vitales du commerce et des affaires, ailleurs les dons de l'homme d'initiative, l'énergie simple et silencieuse de la sentinelle perdue. Il suit de là que la diversité et la spécialité doivent être aussi très accusées dans le mode de recrutement, dans la préparation, dans les procédés de sélection finale et de mise en place applicables au personnel de chaque type de colonies. La multiplicité et la disparate sont ici de fond et indélébiles; elles reparaissent partout et à tous les tournants en quelque sorte; on peut les masquer, mais non les supprimer, et il est vain de n'en pas vouloir tenir compte.

On entrevoit déjà, si je ne me trompe, plusieurs raisons évidentes et décisives de ne pas confier à un seul établissement le mandat et le privilège de former des fonctionnaires civils et judiciaires pour toutes nos possessions d'outre-mer. L'unité d'école aurait une justification au moins apparente, si la partie commune de l'instruction comprenait presque tout le programme, si, du moins, elle l'emportait de beaucoup en volume et en importance, sur les parties spéciales [1]. Il n'en est rien. Cette partie se réduit en substance à quelques cours de droit [2]. En outre, les élé-

1. C'est le cas pour l'Ecole polytechnique, les Écoles des ponts et chaussées et des mines, l'Ecole centrale des arts et manufactures.

2. V. l'arrêté du 14 décembre 1889, art. 7. On ne peut vraiment pas faire grand état de six conférences spéciales (topographie, comptabilité, construction pratique, etc.) qui semblent ne figurer là que pour leurs titres et afin de faire nombre : elles ne comptent à elles six que 64 leçons, à répartir sur la durée du séjour à l'École. C'est à peu près en tout la valeur des deux tiers d'un cours ordinaire de droit. Cette quantité négligeable mise à part, il ne reste que du droit, un peu d'histoire coloniale et de l'anglais.

ments en figurent déjà presque au complet — ou pourraient être aisément complétés — dans le programme de nos facultés. Il est vraiment inutile que l'État fasse les frais d'une école pour les avoir en double. Il serait fâcheux qu'on empêchât les facultés de province de les mettre *sur place* à la portée de la jeunesse. Remarquons enfin que cette même partie commune — qu'on pourrait se procurer presque partout sans se déplacer, s'il n'y avait pas une école privilégiée — embrasse tout l'essentiel et parfois plus que le nécessaire [1] pour la préparation à un grand nombre de fonctions qu'on a comprises à tort

1. Au Congo, par exemple, il semble bien que tel poste serait infiniment mieux rempli par un ancien sous-officier, d'habitudes simples, sans grand besoin de sociabilité, de peu d'idées et de savoir peut-être, mais énergique, endurant et tenace, homme de consigne et homme d'action, que par un jeune homme cultivé qui sera venu d'abord prendre à Paris le goût et l'habitude des excitations intellectuelles, propres à la vie urbaine.

dans ce privilège, car elles ne sont guère coloniales que par le lieu où elles seront remplies. Aux écrivains et commis des Directions de l'Intérieur [1] dans les vieilles colonies, par exemple, les facultés de droit et, à moins de frais, les écoles locales fournissent amplement le peu qu'ils ont besoin de savoir. Aux juges suppléants et aux substituts, aux employés des administrations pénitentiaires de la Guyane ou de la Nouvelle-Calédonie, les mêmes facultés fournissent ou pourraient fournir, comme aux fonctionnaires métropolitains correspondants, tout le nécessaire. Du moins y trouveront-ils, quand on voudra, toute la partie de l'instruction requise pour ces fonctions qui peut être enseignée dans des cours; le reste ne s'apprend dans aucune école et ne

1. Le décret du 6 janvier 1892 a supprimé, en ce qui concerne les vieilles colonies, le monopole établi par le décret du 22 novembre 1889.

s'acquiert que par la pratique. Obliger les coloniaux et les provinciaux à venir chercher cette instruction à Paris et les Parisiens à s'en approvisionner dans une certaine école, c'est écarter, par la difficulté et la dépense d'un séjour loin de chez eux, un grand nombre de gens de condition modeste qui sont particulièrement propres aux plus humbles de ces fonctions; c'est limiter pour tous, au détriment de l'État et sans autre intérêt que celui de l'établissement privilégié, le champ de sélection du gouvernement et la libre accession de tous les Français aux places pour lesquelles ils ont du goût et de l'aptitude.

Aux fonctionnaires déjà cités, on peut joindre les commissaires coloniaux. Ceux-là ont besoin, à la différence des autres, d'une instruction spéciale; mais ils trouvent précisément à l'École d'administration de la

Marine, établissement ancien et consacré, un enseignement parfaitement adapté — ou adaptable — aux services qu'on attend d'eux. On s'explique très bien que le département des colonies ait voulu avoir des commissaires à lui, constituant un corps spécial et ne relevant pas d'un autre ministère. On ne s'expliquerait point, si ce n'est par une exagération du « *chacun chez soi et pour soi* » bureaucratique, la prétention qu'il aurait de les former lui-même et d'avoir pour cela une École séparée. A ce compte, on devrait aussi retirer de l'école de médecine navale de Bordeaux les futurs médecins des colonies, et créer à l'École coloniale un enseignement par duplicata, lequel certainement ne vaudrait pas le premier et occasionnerait double dépense. Il est superflu d'insister; nous en avons assez dit pour éveiller les scrupules d'une administration soucieuse avant tout du bien général. Elle ne voudra pas prêter si peu que ce soit à l'imputation d'avoir grossi les charges du Trésor pour une satisfaction d'amour-propre.

Restent les préparations où les parties spéciales dominent et forment en réalité tout l'essentiel. Ce sont généralement celles qui se rapportent à des colonies et à des possessions où l'administrateur est appelé à rencontrer une race relativement civilisée, ayant sa langue, sa religion, ses institutions, ses préjugés à elle. Telles la Tunisie, l'Indo-Chine, Madagascar, certaines parties de l'Afrique Occidentale. Le propre de ces préparations, c'est qu'il n'y a de l'une à l'autre aucune analogie; elles forment des sortes de blocs séparés et irréductibles, comme les milieux sociaux dont elles présentent le tableau ou l'analyse. On ne voit pas l'intérêt qu'il y aurait à les rapprocher dans une même enceinte. Elles ne pourraient être que *juxtaposées*, nullement *combinées* ou *fondues*. L'unité d'école ne serait jamais qu'une unité de lieu; elle ne présenterait aucun avantage pour les études.

Elle aurait, d'autre part, l'énorme inconvénient d'être une perpétuelle incitation à réunir, à assimiler, ce qui doit être tenu séparé ou conçu comme différent. La partie générale et banale de l'instruction tendrait incessamment à primer sur la partie spéciale et originale [1]. L'éducation, comme l'instruction, s'imprégnerait d'un esprit d'uniformité et d'une sorte de rationalisme confiant, qui sont ce qu'on peut imaginer de moins propre au gouvernement de plusieurs races différentes, anciennes et encore instinctives. En outre, les jeunes gens recevraient, de leur présence sur les mêmes bancs, derrière le même écriteau,

1. V. la note à la fin du § II.

l'impression décevante d'une même carrière divisée en sections; ils en viendraient bien vite à admettre la réalité de ce personnage abstrait et imaginaire : le *fonctionnaire colonial*, sans spécialité déterminée et partout de bon service. Ils traiteraient de préjugé le principe de la spécialisation et de la localisation des fonctionnaires par groupe et par type colonial — conditions fondamentales d'une bonne administration dans les colonies. — Ils contracteraient enfin une disposition incurable à se considérer, moins comme des ouvriers dressés chacun à une tâche définie, que comme les membres d'un même corps privilégié, pouvant comparer et échanger leurs emplois, surveillant l'avancement les uns des autres, considérant tout élément étranger comme un ennemi; traitant de licence ou de désordre le besoin de liberté du commerce et de l'industrie, leur répugnance pour le formalisme administratif, ayant en un mot les prétentions d'une caste et les préoccupations d'une bureaucratie. On ne peut rien imaginer qui soit mieux fait pour fausser l'esprit du personnel destiné à nos grandes colonies.

L'une des apologies par lesquelles on essaie de désarmer cette critique, à mon sens si décisive, est qu'il importe de créer entre tous les agents des administrations coloniales un *esprit de corps*, d'où sortira un penchant à s'entr'aider et un énergique sentiment d'honneur collectif. Cet esprit de corps, on estime qu'un long séjour sur les bancs d'une même école est le moyen le plus sûr de le développer. Il y a ici une confusion. La conscience corporative n'a chance de se maintenir à l'état de force saine, utile et stable qu'entre des gens appelés à coopérer plus ou moins directement à une œuvre homogène ou à des œuvres étroitement connexes. Il suffit, pour qu'elle se développe sans autre préparation, d'une action en commun ou d'actions concertées, dont les résultats se combinent et dont l'unité reste apparente. Où ces conditions font défaut, elle ne se produit pas ou ne dure pas. Entre des hommes destinés à se disséminer sur tous les points du globe et à déployer isolément leur activité, à des milliers de lieues les uns des autres, l'esprit de corps n'a pas de soutien ni de cadre; il n'a pas d'objet ni de raison d'être; il n'a pas de perspective ni d'avenir. Celui qu'on réussirait à faire naître à l'école même, entre deux ou trois cents jeunes gens à visées divergentes, n'aurait pour s'alimenter que de longs échanges d'idées sur les avantages et les inconvénients des différentes places, sur les raisons personnelles de prendre telle ou telle voie, sur les chances comparées de promotion rapide. Ce qui en survivrait après la séparation et la dispersion — s'il en survivait quelque chose — ne pourrait être qu'une camaraderie égoïste et intolérante, qui n'exclut pas la jalousie d'un membre à l'autre, mais qui s'entretient surtout par la résolution de maintenir au bénéfice du corps le monopole des places, de ne souffrir aucun intrus, aucune partie prenante venue du dehors. Cette forme négative et prohibitive de l'instinct corporatif est le plus clair du profit à tirer d'une éclosion provoquée trop tôt, avant que le jeune homme se trouve dans l'atmosphère salubre de l'action et de la responsabilité.

Ce profit, on l'avouera, ressemble singulièrement à une perte. Qui ne voit que la force morale à laquelle il convient ici de faire appel ne doit pas être cherchée dans un sentiment collectif destiné à se dissiper rapidement, ou à ne subsister qu'à l'état d'impédiment et d'obstruction, mais dans la vigueur de la personnalité, dans l'énergie de la vocation individuelle, dans l'exacte adaptation de chacun à sa tâche? Prenez de toutes mains, appelez de tous lieux, sans même qu'ils se connaissent, des agents doués de ces qualités et rapprochez-les dans l'enceinte d'un même groupe colonial. Un esprit de corps viril et durable pourra naître à son heure; il naîtra des efforts concertés, des périls bravés en commun, du souvenir de s'être aidés à bien mériter du pays. Il naîtra plus sûrement encore, je le veux bien, si le rapprochement s'est fait dès le temps de la préparation, *mais seulement entre gens destinés à se rejoindre sur le même champ d'activité* et à se prêter un mutuel secours. Un tel esprit de corps est certainement le seul efficace, et il est en outre le seul compatible avec les conditions de l'administration coloniale. On n'en peut pas espérer, on n'en doit pas désirer d'autre.

Les conclusions qui précèdent trouvent une confirmation d'une force et d'une précision singulières dans la pratique des deux peuples qui passent pour avoir excellé dans l'administration et l'exploitation de leurs colonies. Ni en Angleterre, ni en Hollande, il n'y a une école coloniale d'État : l'Angleterre n'a même aucune espèce d'école coloniale. — Ni en Angleterre, ni en Hollande, il n'existe une préparation commune du personnel administratif pour toutes les parties de leur empire d'outre-mer : on n'a jamais eu l'idée de rapprocher dans une même enceinte le futur fonctionnaire de Malte du futur fonctionnaire des Barbades, le futur fonctionnaire de Java du futur fonctionnaire de la Guyane ou de Curaçao. On les laisse se former et se qualifier séparément. — En Angleterre comme en Hollande, la préparation et les examens sont limités à un même groupe colonial, géographiquement et ethnographiquement distinct, ici l'Inde, là l'Insulinde. On n'a pas jugé qu'une organisation plus compréhensive pût présenter les caractères d'homogénéité, de netteté dans le but à atteindre, de rigueur dans l'adaptation des moyens, qui sont les conditions de l'efficacité. — Ni en Angleterre ni en Hollande, l'admission au concours d'entrée dans la carrière n'est réservée à un établissement déterminé. Voilà certes des exemples et des leçons d'une autorité péremptoire. Au point où nous sommes arrivés, il fallait les signaler au moins sommairement, afin qu'on sache bien que l'expérience est d'accord avec le bon sens pour déconseiller le système d'une école unique. Si la France adoptait définitivement ce système, elle n'aurait été précédée, elle ne serait vraisemblablement suivie par aucun des États que le succès de leur politique coloniale propose à notre imitation. Nous reprendrons avec plus de fruit, un peu plus loin, l'exposé complet des organisations anglaise et néerlandaise. Il convient maintenant de poursuivre et d'achever notre propos, en dégageant le second ordre de conditions générales applicables au recrutement des services coloniaux.

NOTE

J'ai dit, p. 20, que dans une école préparant à l'ensemble si varié de nos possessions coloniales, « la partie générale et banale de l'instruction tendrait incessamment à primer sur la partie spéciale ».

Cette prépondérance et cette partialité ont été rendues particulièrement manifestes par l'arrêté du 14 décembre 1889. La conception bureaucratique de la préparation coloniale s'y découvre en toute simplicité et sincérité.

Des tableaux insérés à l'art. 7 et à l'art. 11, il résulte que le total maximum des notes afférentes aux épreuves sur les matières *générales* « obligatoires pour tous les élèves » s'élève à 1070 points, tandis que le total afférent aux épreuves sur les matières spéciales, pour l'Indo-Chine par exemple, ne dépasse pas 330.

Mais ce n'est pas là le trait le plus significatif. Les épreuves spéciales n'interviennent *à aucun degré* dans le *classement de sortie* des candidats; ce classement est fait *uniquement* d'après les épreuves générales énumérées à l'art. 7, et c'est dans l'ordre de leurs numéros sur cette liste de classement, que les candidats sont appelés successivement à choisir la carrière dans laquelle ils désirent servir (Indo-Chine, Océanie, Congo...), jusqu'à épuisement des places disponibles dans chacune.

La seule réserve en faveur des épreuves *spéciales* est qu'il ne faut pas y avoir été tout à fait nul pour être admis à choisir la carrière et la colonie à laquelle ces épreuves se rapportent.

Voici, en effet, ce que dit l'art. 10 : « Les élèves sont appelés dans l'ordre de ce classement (le classement d'après les matières générales) à choisir la carrière dans laquelle ils désirent servir. Toutefois (ce *toutefois* est à retenir), ne peuvent être admis à servir dans les carrières de l'Indo-Chine les élèves ayant obtenu une moyenne inférieure à 8, soit pour la législation indo-chinoise, soit pour le cours d'histoire, mœurs et religion de l'Indo-Chine, soit pour la langue annamite, — ou une moyenne inférieure à 10 pour l'ensemble des trois examens » (l'échelle des notes va de 0 à 20).

Ainsi un jeune homme qui aura eu le maximum dans les trois matières proprement indo-chinoises, si capitales pour un futur administrateur au Tonkin ou en Annam, mais qui se sera montré médiocre en droit, pourra se trouver primé par d'autres concurrents très médiocres dans ces matières, mais un peu mieux pourvus de notions juridiques générales. Sa supériorité dans les matières indo-chinoises (à coefficient déjà si faible) l'aidera-t-elle au moins à compenser un peu son infériorité relative sur les autres points? Nullement; elle n'entrera *à aucun degré* en compte. Elle ne concourra pas à la formation de la moyenne qui détermine les rangs sur la liste de sortie et, par ces rangs, *l'ordre dans lequel les candidats sont appelés à choisir entre les carrières offertes*. Il pourra arriver que l'homme admirablement préparé et adapté dont nous examinons le cas, voie des concurrents infiniment moins qualifiés que lui prendre sous ses yeux toutes les places indo-chinoises disponibles, et il se trouvera refoulé dans une place de l'administration centrale ou sur un siège de juge en Océanie.

« Après avoir choisi *d'après les examens géné-*

raux, répète encore l'art. 11, et conformément aux règles précédentes, la carrière dans laquelle ils sont appelés à servir, les élèves sortant de l'École seront classés, dans chaque carrière, en tenant compte des points obtenus pour les matières spéciales à chacune d'elles, conformément au tableau suivant... »

Ainsi aucun doute n'est possible. Le degré comparatif d'instruction et de compétence spéciales n'est porté en compte, ni pour le classement général, ni pour l'attribution des carrières. Ce « classement » se fait d'après des épreuves portant sur les matières *générales*, obligatoires pour tous les élèves. Cette « attribution » se fait par le choix des candidats eux-mêmes, dans l'ordre déterminé par la moyenne des notes afférentes à leurs *connaissances générales* : les connaissances spéciales n'interviennent qu'à la fin, avec un coefficient misérable, pour régler le rang des candidats dans une carrière où elles devraient être le criterium décisif, mais où elles n'ont pu concourir en rien à faire arriver ceux qui sont admis, encore moins à faire arriver, en leur place, de plus qualifiés et de plus aptes.

N'avais-je pas raison de dire que la conception bureaucratique de la préparation aux services coloniaux se montre ici sans aucun détour?

II

Commençons par jeter un coup d'œil en arrière et résumons ce qui paraît acquis. Les considérations qui précèdent ont en effet simplifié notablement le problème à résoudre. Premièrement, nous pouvons mettre à part les fonctions judiciaires, dans l'immense majorité de nos colonies. Les facultés de droit suffisent pour y préparer, un examen supplémentaire pour constater au besoin la qualification spéciale du candidat. Secondement, nous pouvons laisser de côté les vieilles colonies assimilées et les colonies de transportation pénale. Celles-ci n'ont pas de raison de réclamer, pour le recrutement de leurs fonctionnaires administratifs inférieurs, une préparation dont se passent très bien nos ministères, nos préfectures et notre administration pénitentiaire métropolitaine [1].

1. Les vieilles colonies ont si peu réclamé dans ce sens, qu'elles ont au contraire fait abroger en ce qui les concerne, le privilège de l'École coloniale. Quant aux colonies pénales, je me bornerai à cette simple observation : si l'on voulait absolument entrer dans le système des écoles spéciales, il n'y aurait rien de déraisonnable à en concevoir une qui formerait tous les agents pénitentiaires tant métropolitains que coloniaux. L'homogénéité des services justifierait ici l'unité de préparation ; la raison de ne pas créer une école de ce genre est qu'on a *sans cela* de très bons agents qui se forment par la pratique. Mais, théoriquement, la création ne prête à aucune objection. Au contraire, séparer en deux, comme s'ils avaient des tâches essentiellement différentes, les aspirants aux fonctions pénitentiaires soit continentales, soit coloniales, faire pour les uns les frais d'une école que l'on juge inutile pour les autres, c'est une distinction qui ne se recommande par aucune raison plausible ; elle ne s'explique guère que par un désir très naturel et très excusable chez des fondateurs, celui de grossir le plus possible le nombre des élèves, de rendre par là plus apparentes l'importance et les « raisons d'exister » de l'école naissante, et d'entraîner l'opinion encore indécise.

Un examen en rapport avec les exigences des fonctions, un stage, s'il y a lieu, fourniront des garanties suffisantes.

Voilà le problème singulièrement réduit et ne se prêtant plus guère aux rêves de la mégalomanie bureaucratique. Restent seulement, en effet, les colonies où se rencontrent des populations indigènes nombreuses, douées d'une conscience collective qui les rend plus capables de résistance à l'assimilation et plus difficilement maniables. Telle, avant tout, l'Indo-Chine; puis, le Sénégal, le Soudan; dans un avenir plus éloigné, Madagascar, et peut-être, plus tard encore, la Tunisie, si l'on se résout jamais au transfert de cette possession du quai d'Orsay au pavillon de Flore, transfert prématuré pour le présent. La façon admirable dont le Ministère des Affaires Étrangères a réussi dans la Régence, et cela parce que, n'ayant pas de bureaucratie à son service, ni de règles pesant sur ses choix, ni d'esprit administratif à satisfaire, il a pu apparier librement hommes et fonctions, ne constitue pas une présomption favorable au système de recrutement étroit, de préparation uniforme, qu'on prétend appliquer à notre second grand protectorat.

Quoi qu'il en soit, le propre des colonies dont il s'agit est qu'elles sont très différentes de la métropole, et qu'elles ne le sont pas moins les unes des autres. Le premier de ces caractères implique qu'elles peuvent avoir besoin d'une préparation fortement organisée ; le second que cette préparation ira d'autant mieux à ses fins qu'elle sera plus décidément spéciale pour chacune, plus nettement divisée en autant de *milieux éducateurs* qu'il y a de groupes ou de types coloniaux à pourvoir. Comment imaginer qu'on pourra découper ces *milieux éducateurs*, les isoler, les caractériser, les rendre homogènes, leur assurer une action intense, profonde et continue sur la jeunesse, si l'on se condamne à les faire cohabiter au sein d'une grande école commune, placée sous une direction unique et embrassant tout un système de cours généraux et spéciaux? — Le directeur! Préposé à tant de gens et à tant de choses, je ne lui vois guère de temps pour d'autres soins que ceux de l'ordre matériel, de la régularité et de la discipline. Eût-il le temps, où trouverait-il la compétence pour organiser ou conduire quatre ou cinq éducations entièrement différentes? — Les cours spéciaux? Tels que je les conçois, ils devaient être extrêmement spéciaux; et, si on les faisait tels, l'absence de tout lien entre eux deviendrait à ce point apparente, que leur juxtaposition dans une même enceinte semblerait inexplicable. On serait donc perpétuellement tenté d'atténuer leur spécialité, de les *oindre* en quelque sorte d'uniformité administrative. — Quant aux cours plus généraux, on tendra à les faire si généraux qu'ils embrassent bon gré mal gré toutes les colonies; plusieurs prendront de là un caractère forcé, superficiel et banal [1]. En somme, une école coloniale d'ensemble, même limitée aux trois ou quatre groupes coloniaux à population indigène nombreuse et consistante, offrira, à tout le mieux, aux futurs fonctionnaires, quelques

1. L'arrêté du 14 décembre 1889 prévoit des conférences d'hygiène *coloniale*. Le mot même est significatif. Il peut y avoir une hygiène des pays chauds; il n'y a pas d'hygiène *coloniale*. Ce qu'on entend par là, c'est que le professeur passera en revue, dans ses *quatorze* leçons, la géographie médicale de toutes nos possessions et qu'il conduira ses auditeurs des Antilles à la Guyane, du Soudan à Madagascar, de l'Inde en Océanie. Cette organisation procède de l'idée indéracinable que le fonctionnaire colonial doit être propre et prêt à servir partout. Mais quel maigre profit peut-on attendre pour un futur administrateur en Indo-Chine, par exemple, d'un cours à ce point superficiel et discursif?

utiles éléments d'instruction (qu'on pourrait tout aussi bien leur faire trouver ailleurs avec moins d'apparat et de frais). Elle ne suppléera à aucun degré aux milieux éducateurs spéciaux dont nous avons, je crois, montré la nécessité. Toutes les conditions matérielles et morales, l'âme même du lieu, le *genius loci*, y répugnent. La meilleure, nous dirions volontiers l'unique solution, c'est de constituer à part chacun de ces milieux, en gardant toute liberté de les adapter, limiter, proportionner aux besoins, en écartant les préoccupations de symétrie apparente, de pondération artificielle, de réglementation étendue et uniforme qu'engendre irrésistiblement une organisation trop compréhensive, où l'on a commencé par faire entrer pêle-mêle des éléments extrêmement nombreux et divers, qu'il faut ensuite ranger de force ou de gré dans un ordre spécieux[1].

1. Rapprocher dans l'enceinte d'une même école pro-

fessionnelle, et sur les pages d'un même programme de concours, deux mondes aussi éloignés, aussi complètement irréductibles que le monde musulman africain et le monde indo-chinois, les faire voisiner en quelque sorte, amener les jeunes gens à l'un ou à l'autre par une sorte de bifurcation, à la suite des mêmes études indivises et sous le contrôle continué de la même et unique direction; greffer sur la même souche banale deux végétations qui diffèrent de la racine à la fleur, c'est se donner sans raison l'air de tout mêler et de tout confondre, c'est s'exposer à tout fausser et dénaturer, à tout obscurcir et en quelque sorte *neutraliser* dans l'esprit des jeunes gens. Si l'on veut juger combien ces appréhensions sont fondées, il faut se reporter au décret du 10 novembre 1892, qui distingue une section indochinoise et une section africaine. Comment veut-on que les jeunes gens prennent au sérieux la division en sections, lorsque parcourant la liste des places réservées à la section *africaine*, ils rencontrent les mentions suivantes : ...

« Dans le cadre des administrateurs coloniaux : administrateurs de 4e classe.

Dans les colonies de la côte occidentale d'Afrique, à la *Guyane* et en *Nouvelle-Calédonie* : juge suppléant.

Dans les *Établissements français de l'Inde* : conseiller auditeur, juge suppléant et substitut.

Dans les *Établissements français de l'Océanie* : substitut du Procureur de la République.

La totalité des vacances dans les emplois visés par le présent article est réservée aux élèves de l'École coloniale. »

Par la façon singulière dont on pousse pêle-mêle dans la même section tant de candidats, que ni le nom de la section ni leurs visées d'avenir n'y appellent, on voit comment l'esprit bureaucratique conçoit ce que j'ai appelé un *milieu éducateur*, lequel par définition doit être homogène et répondre à un groupe ou à un type colonial distinct. Il semble que l'idée qui prévaut ici est celle, non d'un milieu défini et caractérisé, mais d'un cadre à moitié banal, auquel on a tenu à attribuer, dans tous les cas, sa bonne part de débouchés, son contingent de places administratives et judiciaires. Notez qu'entre ces places, les jeunes gens choisissent eux-mêmes selon l'ordre de leur classement, en sorte que l'homme qui aurait été un excellent administrateur au Soudan pourra, faute d'un point, n'avoir de refuge que sur un siège de magistrat à Pondichery ou que l'homme doué de toutes les qualités pacifiques du juge, pourra être acculé à un poste d'action énergique et hasardeuse.

III

Nous voici donc ramenés par une autre voie, et avec un cortège d'arguments nouveaux, à la même conclusion : à savoir que le système d'une école coloniale d'ensemble doit être rejeté, et que le meilleur mode de préparation des fonctionnaires coloniaux comporte plusieurs organisations séparées, créées à mesure des besoins pour chaque groupe géographiquement et ethnographiquement distinct. Ces organisations devront-elles être conçues comme des écoles spéciales avec programme fixe, concours d'entrée, concours de sortie, etc., ou recevoir une forme plus simple et en quelque mesure extra-scolaire, c'est là une question délicate que nous retrouverons en son lieu un peu plus loin.

Auparavant il convient d'introduire le second principe qui domine toute la question du recrutement des fonctionnaires administratifs, pour les colonies dont l'Indo-Chine peut être considérée comme l'exemplaire type. Ce principe, c'est qu'en aucune autre carrière, il n'est besoin d'une vocation plus spontanée, plus franche, plus décidée; c'est que nulle part il n'est besoin d'aptitudes naturelles plus variées dans l'ensemble du personnel, en même temps que mieux définies dans chaque agent pris individuellement.

En France, le plus grand nombre des positions bureaucratiques, techniques, administratives, impliquent un genre de vie qui n'exige de la moyenne des hommes aucune privation douloureuse, aucun sacrifice considérable de leurs affections, de leurs habitudes et de leurs goûts. On n'a pas besoin d'être soutenu par une vocation déterminée pour s'y plaire, ou tout au moins pour les trouver tolérables. On n'a pas davantage besoin, quoique cela puisse ne pas nuire, de dons de nature très particuliers ni d'aptitudes personnelles très définies. Imaginez un chef de bureau de ministère, un conseiller de préfecture, un ingénieur des mines, un inspecteur d'académie, un receveur de l'enregistrement.... Pour tous et pour chacun, un solide savoir professionnel et le sentiment du devoir ou de l'honneur sont à eux seuls une garantie suffisante que l'emploi sera bien tenu. Le ressort physique, l'énergie de la volonté, la décision de l'esprit, la faculté d'invention rapide ont rarement occasion de s'y déployer, parce que les fonctions y sont exactement déterminées, exemptes d'imprévu, riches en précédents suivis et en pratiques constantes, et qu'il s'y agit, soit de manier les choses plutôt que les hommes, soit de gouverner des hommes pareils à soi et plus ou moins assouplis à la règle [1].

C'est exactement l'inverse dans les groupes coloniaux africains ou asiatiques, parmi les-

1. Il y a une exception significative pour les préfets et les sous-préfets; c'est qu'en leur qualité d'agents politiques, ils ont affaire à des hommes divisés par l'esprit de parti, ayant comme électeurs conscience de souverains, difficiles par cela même à conduire et en qui la lutte quotidienne régénère les primesauts instinctifs et violents des races primitives. Il faut ici des fonctionnaires exceptionnellement doués et adaptés. Aussi ne s'est-on jamais avisé, pour le recrutement d'une espèce si rare, de limiter le champ de sélection de l'autorité aux élèves d'une seule École ou même de plusieurs Écoles spéciales. Cela se peut sans inconvénient pour des services comme les Ponts et Chaussées, parce que là l'instruction technique est une qualification suffisante. Cela ne se peut à aucun degré pour des mandats aussi exigeants en fait de qualités personnelles que ceux de l'administration départementale supérieure. C'est une condition analogue que nous allons retrouver dans les colonies.

quels l'Indo-Chine peut être citée comme le spécimen le mieux caractérisé. Là, sous un climat débilitant, où l'on a de la peine à élever des enfants, où un laps de vingt ans fait de l'homme débile un vieillard précoce, il faut avoir été prédestiné à l'amour de la vie coloniale pour la trouver tolérable. Il y a, au Soudan, nombre de postes où l'on ne resterait pas six mois sans une vocation presque *enragée*, à moins qu'on n'y soit enchaîné par sa propre médiocrité et par le sentiment qu'on ne trouverait pas mieux. Même dans les postes réputés les plus désirables, une vocation sérieuse n'est pas superflue.

En outre, les besoins et les services de la colonie veulent, dans l'ensemble du personnel administratif, des aptitudes d'ordres très divers, et, dans chaque agent, des dons de nature très individuels. Le savoir ne fournit qu'un complément ou un appoint à cette qualification préalable. Pour tous les agents, par exemple, les qualités physiques doivent être placées au premier plan, sinon au premier rang, parce qu'elles sont la condition d'un usage efficace des qualités d'un autre ordre. Qui n'a pas la vigueur du corps, l'équilibre des muscles et des nerfs, la capacité de résistance aux chaleurs torrides, doit être irrévocablement écarté. Son admission se liquiderait au bout de quelques mois par la double dépense d'un transport et d'un rapatriement. Chez presque tous, pareillement, on devra faire grand état d'une sociabilité peu exigeante et qui s'accommode aisément de la solitude. Voilà, pour le dire en passant, une raison de ne pas obliger *tous* les candidats à séjourner trois ans dans la température intellectuelle trop montée et trop stimulante d'un centre comme Paris. Autre mérite à rechercher d'une manière générale : la facilité à sortir de soi-même, à se représenter vivement les objets de passion de l'indigène, l'enchaînement de ses pensées, l'idée qu'il se fait de l'ordre et du désordre, du pur et de l'impur, les endroits sensibles ou irritables de sa nature morale, la force et le sens de ses impulsions irréfléchies. Ce n'est pas autre chose que le sens divinatoire du psychologue. Il n'y a pas de qualité plus personnelle; il n'y en a pas de moins compatible avec l'esprit bureaucratique, tel qu'il se trahit par ses règles uniformes, toutes élaborées à l'usage d'un même personnage abstrait : l'administré.

J'ai dit qu'un bon personnel colonial doit présenter des aptitudes d'ordres très divers. Tantôt, en effet, les rapports que le représentant de l'État français entretient avec la Souveraineté indigène affectent un caractère quasi diplomatique, qui suppose, non seulement dans le chef, mais dans ses auxiliaires immédiats, un tact spécial, le sentiment de la mesure et des formes; tantôt, on aura besoin de ce type d'administrateur particulier aux protectorats, qui excelle à faire agir les autorités du pays comme si elles étaient indépendantes et à profiter de leur crédit, en se dérobant derrière elles. Tantôt, un district plus avancé dans la profondeur du territoire réclamera des qualités presque militaires : la trempe du caractère, le goût de l'action et de la responsabilité, la promptitude des résolutions, l'abondance des expédients improvisés, le sang-froid au milieu des hasards. En de tels postes, une haute stature, un parler grave et sans hâte peuvent devenir des mérites de premier rang. Le propre de toutes ces qualités — qu'on y fasse attention! — est qu'elles sont très individuelles et que c'est la nature qui d'abord les donne. L'instruction la plus complète ne les remplace pas, une pédagogie avisée les confirme, mais ne les procure pas à qui n'en a pas d'avance les éléments ou le germe. Notez enfin qu'elles sont rares, et vous pressentirez la conclusion qui se dégagera plus complètement tout à l'heure : à savoir que, dans le système de recrutement des fonctionnaires coloniaux, tout doit être ménagé de manière à n'écarter et, s'il se peut, *à ne laisser échapper* aucun des hommes désignés par leurs aptitudes natives et par leur vocation. Beaucoup sont ignorés et peut-être s'ignorent. Il les faut tous et partout atteindre, solliciter, mettre au clair avec eux-mêmes et faire arriver devant les hommes qui seront appelés à les juger.

Quant à la culture intellectuelle et à l'acquis, il est clair qu'ils ne doivent pas être ici ce qu'ils sont nécessairement dans nos grandes Écoles à concours, le critérium unique ou même prépondérant. En outre, de cet acquis, deux parties seulement sont indispensables et doivent être exigées nommément de tous les candidats, à l'entrée de la carrière : la connaissance approfondie de l'histoire, de la géographie, des institutions et des mœurs du pays, la connaissance autant que possible familière des langues qui s'y parlent. Notez que ces deux parties étant exclusivement propres à chaque groupe colonial, elles n'auraient rien à gagner — bien au contraire — à la promiscuité des préparations. A ces notions fondamentales, on devra n'ajouter que le moins possible sur le programme des épreuves, de peur que, pour une insuffisance aisée à réparer par la suite, un jeune homme désigné par une vocation et une aptitude supérieures ne se trouve éliminé. Pour tout le surplus, j'entends pour les autres notions dont le candidat peut offrir de faire la preuve, la nature de l'acquis est d'importance secondaire. L'instruction dont chacun justifie vaut moins par elle-même que comme signe d'un certain *degré* de culture de l'esprit, de sa puissance d'assimilation, de sa capacité d'apprendre, plus précieuse que toute chose apprise. La science de l'ingénieur ou celle du médecin, par exemple, équivalent largement pour de tels postes aux connaissances du licencié en droit. En moyenne, elles prouvent même davantage. Entre les trois, la préférence doit être donnée à l'homme qui, possédant le mieux la civilisation et les idiomes locaux, est en même temps le plus robuste et le plus endurant, et a fait preuve en outre de la volonté la plus ferme, de l'intelligence la plus souple.

Je m'excuse des longues considérations qui précèdent; elles ont pu servir à faire voir deux choses avec une clarté suffisante : l'extrême difficulté et, partant, les conditions très impératives d'un bon recrutement.

La première de ces conditions est déjà présente, j'imagine, à l'esprit du lecteur. S'il est vrai que la valeur personnelle de chaque individu soit ici d'une importance capitale, le recrutement devra être organisé de manière que le champ de sélection de l'autorité ne soit pas artificiellement et inutilement restreint. Il convient que tout ce qu'il peut y avoir dans le pays d'hommes doués, qualifiés et disposés à s'offrir trouve facilement accès auprès des juges chargés d'opérer le triage. Il ne faut pas qu'un grand nombre d'entre eux soient découragés ou empêchés de tenter l'aventure par des obstacles évitables ou par des exigences qu'on peut sans inconvénient leur épargner. A ce titre, l'étroit monopole de places, consacré par le décret du 22 novembre 1889, est aussi fâcheux qu'injustifié. Il déroge, non pas avec mesure, mais par toutes les formes concevables de restrictions, au principe constitutionnel (qui est en même temps un principe de bonne administration) de l'égale et facile accessibilité des fonctions publiques à tous les hommes capables. Il fonde un privilège :

1° En faveur de la métropole au détriment des colonies;

2° En faveur d'une ville au détriment de toute la province;

3° Dans la ville privilégiée, en faveur d'une École et d'un certain type d'études, au détriment de tous les cadres et modes variés de préparation où peuvent s'être engagés et formés précisément les esprits et les caractères les plus à rechercher pour la classe d'emplois auxquels il s'agit de pourvoir, ceux en qui l'on reconnaîtra, à un moment donné, le plus de vocation et d'aptitude.

On verra qu'en Angleterre les candidats de l'*India civil service* sont libres de faire leur stage où ils veulent; il y a cependant neuf grands centres universitaires (dont cinq villes de grand commerce), en possession coutumière de les préparer à l'examen d'entrée de la carrière. Le système d'une École unique établie à Paris et investie, non pas seulement en fait, mais *en droit*, du *monopole* des places, disqualifie sans raison toutes les grandes villes de commerce et tous les grands centres universitaires de la République. Pourquoi ne pas supposer que Lyon, Bordeaux, Marseille, par exemple, qui peuvent avoir avec tels de nos établissements d'outre-mer des relations suivies et fructueuses, sentiraient l'utilité et trouveraient les moyens d'organiser sous le contrôle de l'État une préparation efficace? Dans ces milieux actifs, vivaces et caractérisés, sous l'impulsion d'intérêts positifs et définis, les futurs administrateurs acquerraient un sentiment plus vif des réalités et des nécessités économiques dont leur mandat les appelle à tenir compte. L'esprit plus pratique et plus libre qu'ils apporteraient dans les services coloniaux corrigerait ce qu'il y a de trop purement administratif, de trop abstrait et banal, de trop éloigné et dédaigneux des affaires dans l'éducation que d'autres recevraient à Paris, et dans les influences bureaucratiques et sociales qu'ils sont exposés à y subir. La fin essentielle étant de rechercher et de trier des individualités d'une espèce rare, quelle raison y a-t-il de limiter à un seul endroit du territoire la surface où elles peuvent être averties, sollicitées, tentées par la proximité et la facilité des moyens d'instruction? Pourquoi ne pas laisser cette surface s'étendre, d'abord à la colonie intéressée, puis, en France, aux grands centres à la fois universitaires et commerciaux que désignent des rapports déjà établis avec telle ou telle de nos possessions? J'en vois d'avance deux ou trois, où les conseils des Facultés, les chambres de commerce, les grandes Écoles existantes se montreront disposés à s'unir pour organiser une préparation, dans les conditions et sous les garanties déterminées par l'autorité supérieure.

En second lieu, le système disqualifie quiconque n'est pas en mesure de payer la lourde taxe pécuniaire et morale d'un séjour de trois ans dans la capitale. C'est écarter, de propos délibéré, des éléments qui comptent éventuellement parmi les meilleurs. Il peut y avoir dans nos colonies de jeunes hommes intelligents, fils de négociants, de militaires ou de fonctionnaires, familiarisés avec les langues et la population locale, munis d'avance d'une somme d'observations et d'expériences qui les rend particulièrement aptes à devenir sur place des agents immédiatement utiles. N'y a-t-il pas lieu de réserver pour eux une partie des emplois sous des garanties spéciales à déterminer? N'est-ce pas les exclure que de leur imposer les frais d'un stage prolongé à Paris, ou même de les soumettre aux chances d'un concours dans lequel leur qualification spéciale pourra n'être pas comptée pour ce qu'elle vaut? On verra que la Hollande n'a eu garde d'en user ainsi avec les jeunes coloniaux de l'*Insulinde*; elle a institué pour eux des épreuves séparées qu'ils passent sur place. — Il y a pareillement dans nos ports, dans nos grandes villes commerciales, beaucoup de jeunes hommes, nourris de souvenirs de famille qui se rapportent aux terres françaises d'outre-mer, formés par des pères énergiques qui ont passé de longues années dans les colonies, familiarisés, par leurs premières impressions, avec la pensée d'un séjour aux pays lointains. Ils gagneraient à faire leur éducation, sinon chez eux, au moins dans leur province, à ne pas quitter ce milieu relativement sain, tranquille et conservateur des vocations. Quelque avantage intellectuel qu'ils puissent recueillir d'un séjour à Paris, surtout si l'on n'enchaîne pas leur curiosité dans un programme d'École et si on les laisse profiter à leur choix des innombrables ressources d'instruction réunies dans la capitale, on ne saurait se dissimuler que, moralement, ils courront une aventure et perdront nécessairement quelque chose dans ce milieu de haute excitation. Ils risqueront d'y contracter des habitudes, des goûts et des besoins qui sont en désaccord complet avec les conditions de la vie coloniale. Quelle raison y a-t-il, lorsqu'on peut faire autrement, de les exposer à emporter dans leur nouvelle résidence une vocation à demi ébranlée, la nostalgie du boulevard, une moindre tolérance de la suite monotone des jours? Au reste, pour un grand nombre de ces provinciaux, le péril ne sera même pas affronté; des raisons de mainte nature peuvent leur rendre impossible d'engager trois années de leur vie sur une simple espérance, qui leur impose, comme entrée de jeu, l'avance d'un coûteux séjour dans une ville de luxe. Une partie de l'élite à réunir se trouvera ainsi perdue pour l'État.

Enfin le monopole résultant du décret du 22 novembre 1889 exclut les nombreux jeunes gens dont la vocation plus tardive, plus éclairée, plus mûrie, pourra s'être développée au cours d'autres études, dans les facultés de droit, de médecine, des sciences, des lettres, dans les écoles militaires, navales, industrielles, commerciales ou agricoles. A des hommes ainsi pourvus et parvenus à l'âge de vingt-quatre ou de vingt-cinq ans, je suppose, peut-on demander décemment de se rasseoir sur des bancs avec des enfants de dix-huit ans, pour écouter trois ans de suite un ensemble uniforme de cours? Ne valent-ils pas qu'on les autorise à abréger, ne convient-il pas même de faire varier pour eux les exigences du programme d'études, à raison de leurs antécédents et du savoir acquis? L'une de nos pires et plus vaines superstitions est celle d'un enseignement intégral, ordonné et échelonné dans toutes ses parties et imposé de force à tout le monde, sous la sanction d'un examen uniforme. La somme des capacités que nous gâtons ou que nous écartons ainsi est incalculable. Qui ne sait que les marins, les militaires, les médecins ont fourni et fournissent encore à la fois nos meilleurs explorateurs et nos meilleurs organisateurs coloniaux? Ce sont précisément les trois classes d'hommes et les trois natures de préparation que le décret de

1889 a pour effet de disqualifier. C'est qu'ils se trouvent avoir une marque et un caractère à eux, et la bureaucratie sent avec inquiétude qu'elle ne pourrait pas leur imprimer les siens.

Enfin le monopole des places organisé en 1889, au profit d'une école où l'on peut entrer à dix-huit ans, n'a pas seulement le défaut d'exclure ceux qu'il faudrait attirer, il risque d'attirer ceux qu'il vaudrait mieux exclure. Il y a toujours, dans une grande ville comme Paris, une énorme masse flottante de bacheliers qui ne savent que faire, leur diplôme les rendant dédaigneux des professions non libérales, sans les qualifier effectivement pour de plus hautes carrières. Quelques-uns sont intelligents et ont quelque savoir; beaucoup sont médiocres et bornés; presque tous sont ignorants de la vie, incertains, *neutres* pour ainsi dire, j'entends par là sans préférence, sans vocation, sans aptitude, simplement soucieux d'obtenir une place rétribuée quelconque avec perspective d'une retraite. Mesurez l'effet produit sur cette multitude par l'offre d'entrer, sur la simple présentation de leur diplôme, dans une école où, après trois ans d'études, ils n'auront qu'à se partager entre eux tous les postes coloniaux de début, sans craindre aucune compétition de la part des gens de leur âge qui ne se seront pas engagés à temps dans la même voie. Comment douter qu'un grand nombre ne s'offrent, qui céderont à l'appât de tant d'avantages plutôt qu'à la force d'une vocation effective et spontanée; et, une fois entrés à l'école, s'ils fournissent un travail régulier, s'ils répondent honorablement aux examens, qui oserait les arrêter sous prétexte qu'ils n'ont pas les qualités personnelles requises dans la carrière? Récemment, sans diminuer la facilité d'accès de l'école, on a organisé une sorte de sélection au début de la seconde année, en limitant à 60 le nombre des élèves qu'on y peut admettre, soit 50 pris parmi les élèves de première année selon l'ordre du classement et 10 pris au dehors, mais parmi les *seuls licenciés en droit*, à la suite d'un concours portant sur le droit administratif, le droit des gens, l'histoire et la géographie.

Cette modification, qui est un progrès, fournit néanmoins la preuve qu'on n'a pas renoncé aux trois erreurs capitales qui vicient tout le système. Ces erreurs consistent :

1° A concevoir l'ensemble des préparations comme quelque chose d'*un* et en grande partie *homogène*, qui suppose les mêmes *études préalables* et s'accommode ensuite d'une seule et même direction. On montre aux candidats, pour les soutenir et les animer, non point le chiffre en blanc d'un certain nombre de places, à déterminer chaque année selon les besoins de chaque groupe colonial (système anglais et hollandais, adopté par nos Affaires étrangères), mais une soixantaine de places dont l'État se déclare implicitement leur débiteur et qu'il s'engage d'avance à leur trouver dans l'ensemble de nos colonies. C'est toujours la désastreuse idée de l'unité de carrière qui prévaut, dans une sphère où tout appelle la diversité et la spécialité;

2° A se priver du bénéfice qui résulte de la variété des études antérieures, ce qui aboutit à l'exclusion de bon nombre de jeunes hommes particulièrement qualifiés pour les fonctions coloniales;

3° A faire dépendre les choix, presque exclusivement, d'un même acquis constaté dans des épreuves, et non d'un ensemble d'aptitudes où le savoir ne doit compter que pour une part, qui n'est pas la plus importante.

IV

Une seconde conclusion s'ajoute ainsi à la première, et toutes deux ressortent avec une évidence absolue : Aussi certainement qu'il ne faut point d'École coloniale d'ensemble, il ne faut point de monopole des places au profit d'un seul lieu, d'un seul établissement, d'un seul type d'instruction préalable. Un ou plusieurs centres d'éducation pour chaque groupe colonial, établis sur les points du territoire jugés les plus favorables, créés, non par une disposition d'ensemble, mais à mesure

6.

des besoins constatés [1], voilà le système que recommandent et le bon sens réfléchi et, comme on va le voir, l'expérience des autres peuples. On peut avec justesse appeler ces centres d'éducation *écoles*, à condition qu'on ne se croie pas obligé par là d'y introduire tout ce que ce dernier nom implique en France d'ultra-réglementaire, à condition aussi qu'on range le respect et l'entretien de l'*individualité* de chaque élève au premier rang des caractères qu'il conviendra de leur imprimer ou de leur laisser prendre. Les Anglais ont parfaitement compris qu'une école *en forme* — et cela est encore plus vrai de nos grandes écoles que des leurs — est un milieu tant soit peu artificiel, où le jeune homme obéit de préférence aux tendances passives de sa nature et se montre par ses côtés les moins

1. Il paraît prématuré d'en organiser un pour le Congo, par exemple.

personnels. Il n'y donne pas du tout la mesure de ce qu'il saura faire — ou éviter de faire — en liberté. Notamment, ses facultés d'initiative, de combinaison, d'appropriation des moyens au but, de gouvernement de soi-même, n'ont guère d'occasion de s'exercer, et par conséquent de se faire apprécier, dans un milieu où l'ordonnance des études et la discipline du travail, arrêtées et formulées jusqu'au détail[1], sont en outre les mêmes pour tout le monde.

Ce n'est pas à dire qu'une direction ne

1. Extrait de l'arrêté ministériel du 13 décembre 1889, réglant la discipline de l'École.

Art. 9. En entrant aux cours, les élèves déposent dans les endroits désignés à cet effet leurs manteaux, chapeaux, parapluies, etc., et s'asseyent aux places qui leur sont assignées.

Art. 11. Chaque élève est responsable des dégâts qu'il commet.

Art. 12. Les élèves ne doivent rien emporter de l'École sans l'autorisation du directeur.

Art. 13. Les élèves n'ont accès que dans les salles qui leur sont destinées.

Art. 18. Les élèves devront chaque année, avant de quitter l'École, se présenter au Directeur.

puisse pas être utile ou même nécessaire aux candidats, et il est facile d'en concevoir une très efficace, en même temps que très conciliable avec leur indépendance. On pourrait, ce semble, dans chacun des centres choisis, confier un office de *tuteur*, plutôt encore que de *directeur*, à un *seul* homme éminent, ayant une connaissance approfondie de la colonie où ses élèves seront appelés à servir l'État. Après des épreuves et un premier triage, dont on expliquera plus loin l'esprit et le mécanisme, les jeunes gens admis se présenteraient à lui. Il les agréerait, les inviterait à lui soumettre leur plan de travail pour le temps du stage, le réglerait en tenant compte de leurs antécédents intellectuels, les aiderait par ses avis à découvrir les moyens d'instruction placés à leur portée, à choisir les cours qu'ils doivent suivre ou à y suppléer par des livres. L'essentiel est qu'on n'impose pas à ce directeur la charge d'une école *en forme*, qu'on ne l'use pas dans les mille soins matériels d'une administration, d'une comptabilité, d'une police, d'un enseignement multiple à organiser, de rapports minutieux avec des bureaux. Qu'il soit, non le *proviseur* d'un établissement, mais un éducateur d'hommes, un maître entouré de ses disciples. Dans une école à programme fixe, à matières d'examen nombreuses (et dont le nombre irait croissant, on n'en saurait douter) le directeur est tenu trop éloigné des élèves; il y a entre eux et lui ce qu'on peut appeler l'*école matérielle* dont il a la responsabilité; il y a en outre les professeurs, et ceux-ci ne le remplacent pas; car ils bornent le plus souvent leur rôle à des monologues du haut de la chaire. Un tel établissement n'a aucun des caractères du « milieu éducateur »; l'action exercée d'homme à homme y est partagée entre plusieurs; elle est intermittente, incohérente et faible. Je n'y vois rien qui ressemble à ce courant d'influence personnelle intense, pénétrante, coulant toujours dans le même sens, qui émane d'un seul maître, seul responsable, agissant individuellement sur chacun de ses disciples.

Il semble bien qu'une école professionnelle, organisée sur le modèle de nos grands établissements de ce nom, ait en outre un dernier et capital inconvénient. Le *concours* final ne peut guère être qu'un moule uniforme; la valeur des gens s'y mesure, non au poids total des aptitudes et de l'acquis, mais à la partie qui s'est trouvée propre à entrer dans le moule commun et à en épouser les contours. C'est là un critérium singulièrement défectueux, et le défaut paraît sans remède. Comment veut-on en effet que sous l'œil des nombreux jeunes gens qui sont là, étroitement groupés, se suivant réciproquement du regard, prompts au soupçon et à la censure, et passionnément égalitaires, on fasse une juste part aux mérites dont l'appréciation prête à l'arbitraire, j'entends par là ces dons personnels dont nous avons montré l'importance : on n'oserait! Les choix, pour être réputés justes, devront ne dépendre que d'éléments exactement comparables entre eux et autant que possible numériquement évaluables, tels que les mêmes épreuves orales et écrites passées dans des conditions identiques. Nulle part on n'est moins libre que dans une école dominée par un concours de sortie de prendre largement en considération ce qu'on nomme la *cote personnelle*. On en sera toujours empêché par la vigilance jalouse des jeunes gens eux-mêmes, par l'espèce de promesse tacite qu'on leur a faite d'emprunter au concours lui-même tous les éléments essentiels d'appréciation qui décideront de leur rang et de leur avenir.

V

Reprenons maintenant les exemples qui nous sont donnés par l'Angleterre et les Pays-Bas. Reprenons-les, non pour nous y asservir et les imiter littéralement, mais pour en bien comprendre l'esprit et en extraire ce qu'on pourrait appeler la psychologie du sujet, j'entends par là ce petit nombre de principes généraux, applicables en France comme ailleurs, qui ne sont que du bon sens éclairé par la réflexion et l'expérience. Parmi les possessions britanniques d'outre-mer, la plus considérable est l'Inde. La province la plus importante de notre empire oriental, l'Indo-Chine, confine aux établissements anglais et leur est analogue sur plus d'un point. Si nos voisins se contentent et se louent du système adopté pour recruter l'*India civil service*, la sagesse la plus banale nous conseille de nous en inspirer, au moins pour l'Indo-Chine, au lieu d'en créer un de toutes pièces qu'aucune expérience ne recommande.

Voici en quoi consiste ce système :

Des jeunes gens, dont la constitution robuste et la moralité sont attestées par des cautions sûres, sont admis à passer un concours préliminaire portant sur une liste extrêmement longue de matières extrêmement variées : composition anglaise, histoire d'Angleterre, littérature anglaise, grec, latin, français, allemand, sanscrit, arabe, mathématiques pures ou appliquées, sciences physiques ou naturelles, philosophie morale, logique, droit romain, droit anglais, science politique, histoire ancienne, histoire moderne, économie politique. Qu'on ne se récrie pas. Cette liste n'est qu'*offerte* au choix ou plutôt à l'option. Aucune matière n'est obligatoire. Les candidats désignent eux-mêmes les sujets d'épreuve qu'ils préfèrent : ils pourraient n'en désigner qu'un, s'ils ne se mettaient par là dans l'impossibilité de réunir un nombre suffisant de points. Ainsi conçu, l'examen ne ressemble à aucun degré à ce moule uniforme où nous faisons entrer de force toutes les intelligences. Il y a autant d'examens différents que de candidats. Les épreuves (qui sont écrites ou orales suivant ce qu'en décide la commission supérieure) [1] témoignent simplement d'une certaine ouverture et d'une culture générale de l'esprit, d'une certaine aptitude au travail

1. Elles sont en fait l'un et l'autre.

consciencieux. Les différents candidats donnent de ces qualités des justifications, non pas identiques comme chez nous, mais *équivalentes*. Ce caractère de l'examen préliminaire est à noter. Au sujet des épreuves, j'ajouterai ceci : qu'elles ont été visiblement conçues et réglées par des hommes pratiques, et que ces hommes ont été de plus, cette fois, des psychologues et des éducateurs consommés. Il faut être un éducateur pour comprendre que ce qu'il y a le plus d'intérêt à constater, ce n'est pas si le candidat sait à un moment donné beaucoup de choses (il y a tant de chances pour qu'il en oublie la plus grande partie), mais s'il a l'habitude et la capacité d'apprendre *à fond* ce qu'il se met en tête d'étudier. C'est pourquoi, jusqu'en 1890, l'une des principales épreuves, celle sur l'histoire d'Angleterre, ne consistait pas en questions et en réponses superficielles sur tout le cours de cette histoire. Les candidats étaient invités à découper eux-mêmes une période, de 1066 à 1307, je suppose, ou de 1603 à 1705, et les examinateurs les poussaient sur ce sujet spécial. « On aura égard, sans doute, dit le règlement, à l'étendue et à l'importance de la période choisie, mais principalement au fait qu'elle a été étudiée profondément et complètement. » On ne saurait mieux dire. La même règle a été adoptée pour l'histoire générale de l'Europe, qui a remplacé, depuis 1890, l'histoire d'Angleterre.

Les candidats qui ont obtenu la somme de points la plus considérable sont proclamés « probationers », c'est-à-dire admis à une sorte de stage, pendant lequel toute infraction à l'honneur, toute altération sensible de leur santé, suffit pour déterminer leur radiation. Les « probationers » continuent leur éducation où ils veulent, ceux-ci dans leur famille, ceux-là [1] dans des établissements spéciaux agréés par la haute commission et rattachés aux universités d'Angleterre, d'Écosse, d'Irlande ou aux King's et University Colleges de Londres. Cela fait en tout dix grands foyers d'instruction et neuf résidences entre lesquelles ils ont le choix. Notons ce second point : la liberté d'aller chercher l'instruction où l'on veut, où elle est le plus à portée de chacun, où chacun estime qu'il peut en tirer, avec le moins de frais, le plus d'avantages. Nulle idée de cantonner ces jeunes gens dans une même ville, encore moins de leur imposer la gamelle intellectuelle d'une même école

1. A ces derniers est allouée une pension qu'ils s'engagent sous caution à rembourser, s'ils ne vont pas jusqu'au bout. Les quartiers de cette pension étaient payés naguère à la suite des examens échelonnés que le candidat subissait tous les six mois environ, et seulement s'il y avait réussi. Dorénavant, elle ne sera définitivement acquise au candidat que s'il s'est conformé pendant son stage aux règlements édictés par la Haute Commission et s'il a passé d'une manière satisfaisante son examen final.

spéciale. Chaque candidat reste indépendant et agit en homme.

Il n'en est pas moins soumis, comme on va le voir, à la surveillance constante et au contrôle très minutieux d'une haute commission. Mais il ne subit à aucun degré l'étroite tutelle d'une autorité scolaire. Le but étant de s'assurer qu'il est apte à un mandat de haute responsabilité, on se garde de le placer dans des conditions artificielles, de le soumettre à la rotation réglée d'un système d'études uniforme, où il sera encouragé à montrer de préférence ce qu'il y a en lui d'inertie docile, attendant l'impulsion et y cédant, à dissimuler provisoirement ses côtés les plus individuels. Qui sait même si un tel régime ne l'empêcherait pas de se mettre au clair avec lui-même, de prendre une conscience nette de sa vraie vocation? Le système de l'*India civil service* prévient cette banalisation des études et cette neutralisation des caractères. Voulant des plantes vigoureuses, les Anglais les mettent en pleine terre. L'individu, la personne morale, se forment avec plus d'énergie et on les juge avec plus de sûreté.

La « probation » dure un an (autrefois deux ans). Pendant cette période, la haute commission reste en continuelle correspondance avec les stagiaires, s'informe de leur conduite, se fait rendre compte de leur mode de travail, reçoit les rapports écrits qu'ils doivent fournir. On a fait en sorte que cette commission, dépositaire d'un mandat public de premier ordre, restât étrangère à tout autre intérêt. Elle n'a de lien particulier avec aucun établissement, avec aucune université. On n'aurait jamais admis qu'elle ne fît qu'un avec le conseil dirigeant d'une école, même officielle. On a compris que charger les mêmes hommes, par deux mandats publics, de présider au recrutement d'un service d'État et d'assurer la prospérité d'une école particulière, c'était les exposer à un conflit de devoirs dont peut souffrir l'intérêt national.

Qui ne voit que, très honnêtement et par scrupule de conscience, ces hommes pourront être conduits à se demander si, avant de mettre l'École au service de l'État, il ne convient pas de mettre pour un temps l'État au service de l'École, afin que celle-ci puisse d'abord prospérer, attirer des élèves, se créer des titres, et devenir capable de rendre un jour, avec usure, l'avance que le bien public lui aura faite. En France, cette avance a été l'exorbitant monopole des places, institué, disait-on, pour deux ou trois ans et qui, après six ans, dure encore. La vérité est que le jour de ces restitutions de privilège et du retour au droit commun ne semble jamais venu, et qu'on demande indéfiniment la faveur d'attendre encore.

Aux termes des arrêtés et circulaires publiés en 1889 par l'*Indice civil service commission,* deux examens intermédiaires et un examen final espacés à d'assez courts intervalles, garantissaient la continuité et l'efficacité du travail de chaque « probationer ». La commission ne s'en contentait pas. D'abord elle se faisait tenir au courant de la conduite et de la santé de chaque stagiaire. Elle gardait le droit de radiation immédiate pour toute infraction à l'honneur et pour toute diminution sensible des forces physiques. En outre, elle demandait aux stagiaires un certain nombre de rapports périodiques, particulièrement sur la procédure des actions en justice; il n'en était pas exigé moins de onze, nombre réduit postérieurement à six. Le stagiaire y rendait compte de la marche, des incidents et des points de droit de procès auxquels il avait assisté de sa personne. Le choix qu'il avait su faire entre les causes, l'art avec lequel il dégageait les éléments essentiels, la lucidité de l'analyse, la topicité de commentaire, quel plus sûr critérium pour juger de sa décision et de sa justesse d'esprit? C'était une épreuve intellectuelle sous la forme d'une épreuve juridique. Aucune composition d'école ne prouvera autant que ce travail fait en liberté[1].

Chaque candidat a dû, à la suite de son examen d'entrée, indiquer la présidence où il désire servir. L'assignation définitive de

1. Le contrôle de la haute commission est resté aussi vigilant et aussi minutieux que par le passé; mais les examens intermédiaires et les comptes rendus judiciaires ont disparu du programme, en 1890, par la même décision qui a relevé l'âge d'entrée à vingt-un ans et réduit la durée du stage à un an. Je regrette la suppression complète des comptes rendus. On a craint sans doute que tant de travaux ne pussent pas tenir dans l'espace d'une seule année. La commission se réserve d'ailleurs tout pouvoir de régler comme elle l'entendra les justifications à exiger des candidats, pendant le temps de *probation*.

chacun à telle ou telle province se fait « en tenant compte de *toutes* les circonstances, *y compris* les vœux de l'intéressé. Mais les exigences du service public passent avant toute autre considération. » En conséquence de la désignation faite d'abord par lui-même, le candidat étudie obligatoirement la langue principale parlée dans la région, facultativement une langue secondaire ou une langue savante. Pour le Bengale, par exemple, la langue principale est le bengali ou l'indoustani; le tcham est une langue secondaire; le sanscrit, le persan, des langues savantes. Dès le commencement des études, il y a donc ici une vue claire du but à atteindre, une constance de propos, une netteté et une spécialité de direction qu'on n'obtiendrait pas si le choix ne se faisait qu'à la sortie [1]. Après l'examen

1. V. plus haut, p. 25, et se reporter en outre au Décret du 22 novembre 1889 (art. 15) et à l'arrêté du 14 dé-

final, les concurrents heureux doivent, dans un délai défini, se mettre à la disposition des autorités de leur Présidence et ils sont utilisés selon leurs aptitudes et les besoins administratifs. On s'est bien gardé de laisser aux candidats, dans l'ordre de leurs numéros au classement final, le choix entre les différentes natures de places. Un tel classement résulte d'une *moyenne*, d'où ne ressort aucune indication sur l'aptitude spéciale de chacun. C'est pourquoi, si le rang obtenu dans un concours, à l'entrée de carrières où la spécialité est de première importance, peut raisonnablement créer un droit à être employé, il ne doit pas emporter le droit de choisir son emploi. Qui sait si le choix ne serait pas dicté par des raisons telles qu'un léger surplus dans les émoluments, un intérêt d'amour-propre, etc....., sans

cembre 1889, imparfaitement atténué par le décret du 10 novembre 1892. — V. aussi la note, p. 28.

compter que, pour les derniers classés, il y aura carte forcée. Un gouvernement soucieux de l'intérêt public ne se résignera pas à subir un système qui comporte tant de chances de désadaptation; il n'aliénera pas son droit de pourvoir à chaque nature de fonctions en décomposant les notes de chaque candidat, et il refusera d'être lié par un total où tout se confond. Il voudra rester libre de nommer à chaque poste le plus apte, l'homme de la fonction et l'homme du moment.

L'examen final porte obligatoirement sur le code pénal et de procédure criminelle pour l'Inde, la principale langue courante de la province assignée au candidat, l'histoire de l'Inde Britannique. Il comprend en outre deux au *plus* des sujets suivants entre lesquels le candidat a l'option : le code de procédure civile et la loi des obligations pour l'Inde, les droits hindou et musulman, le sanscrit, l'arabe, le persan, l'économie politique. Le candidat est prévenu qu'il ne pourra pas compenser, par la connaissance d'une matière à option, son insuffisance dans les matières fondamentales. Ce qu'il faut remarquer dans cet examen de sortie, c'est qu'il est aussi exclusivement spécial et pratique que l'examen d'entrée est libéral et compréhensif. Celui-ci ne cherche à saisir et à déterminer qu'un certain degré de culture générale; dans le programme des épreuves finales, au contraire, vous ne voyez figurer à titre obligatoire que des branches de connaissances relatives à l'Inde et, plus particulièrement, à la présidence où le candidat remplira ses fonctions. Sauf l'économie politique, toutes les matières à option — langues ou droit — sont également régionales. Pour les langues, on ne se contente pas d'une traduction faite avec l'aide d'un dictionnaire, on exige « de la facilité à traduire d'une langue dans l'autre et à parler ». Que si l'on ajoute que l'équitation compte parmi les épreuves éliminatoires, on aura épuisé tout ce qu'il y a d'essentiel à dire sur la préparation et les justifications de capacité des futurs agents de l'*India civil service* [1].

Par tout ce qui précède s'accuse le triple principe dont se sont inspirés les organisateurs :

1. Je m'accorde cependant le plaisir de citer encore un exemple du bon sens pratique qui a dicté toute cette réglementation. Il s'agit des articles concernant l'équitation. Le sujet est secondaire; mais il y a quelquefois beaucoup de signification et de portée dans les parties subordonnées d'une organisation. Ne croyez pas qu'on impose au candidat la fréquentation d'un manège déterminé, encore moins qu'on se contente de la note d'un maître professionnel. La haute commission s'assure, par l'entremise d'un officier de cavalerie délégué à cette fin, que les candidats montent comme il convient, qu'ils sont capables de franchir un fossé, d'ouvrir une barrière sans quitter la selle, enfin qu'ils sont de force à faire un voyage à cheval et à fournir au besoin une longue traite. Voilà, en effet, ce qu'il importe que le candidat sache, et c'est ce que ne prouvera jamais la note d'un professeur de manège.

1° Faciliter l'entrée de la carrière à tous les jeunes gens ayant de l'intelligence, de la vocation et de la culture, *de quelque ordre que soit cette culture*, et quels qu'aient été leurs antécédents scolaires et intellectuels; n'en rebuter aucun par des exigences fixes et trop limitées; en conséquence, ouvrir à tout Anglais de bonne santé et de bonnes mœurs un examen à option, presque encyclopédique par les matières, où le candidat choisit librement les sujets sur lesquels il désire se faire juger.

2° Le triage une fois opéré sur la *totalité* des jeunes hommes bien doués, et une élite se trouvant dégagée, la mettre en observation et à l'épreuve (*probation*) pendant un an, et, afin que l'épreuve soit concluante, laisser à chaque stagiaire, outre le choix de sa résidence, l'initiative de son plan d'études, le règlement de son travail, la responsabilité de ses démarches, tout cela sans le perdre un seul instant de vue, en restant informé de tout ce qu'il fait, et en exigeant *de* lui et *sur* lui de nombreux rapports qui témoignent de son activité d'esprit, de sa capacité de se conduire lui-même, de son aptitude à s'inspirer en homme libre des conseils mis abondamment à sa portée. Une indépendance entière, mais très surveillée, et dont les écarts seraient immédiatement suivis d'une radiation, il n'y a pas de meilleur ni même d'autre moyen de savoir ce que valent les gens et de les habituer à faire un bon usage de leur liberté.

3° Un examen final aussi étroit et spécial que le précédent était général et compréhensif; car il s'agit ici de vérifier si l'on est muni précisément de ce qu'il faut pour tirer tout le bénéfice possible du vrai stage, qui va commencer dans l'Inde, et si l'on dispose des instruments nécessaires (avant tout, la langue et la science des institutions indigènes ou locales) pour acquérir la vraie capacité professionnelle.

On ne peut guère concevoir un système plus étudié, dont les parties se tiennent mieux entre elles et qui aille au but par des voies plus directes, plus courtes et plus sûres.

VI

A défaut de l'Angleterre, on cite volontiers les Pays-Bas et leur école de Delft. Les Hollandais ont une école coloniale! Avec cette seule phrase et sans aller plus loin, sans souffrir qu'on en demande davantage, on croit avoir réponse à tout. C'est triompher trop aisément. Que si, dépassant les mots, on prend la peine de regarder les choses, on constatera qu'au fond rien ne ressemble moins que le système hollandais à ce qu'on a essayé de faire en France en 1889. Bien plus, dans la mesure où l'exemple a une portée générale, on n'en peut pas imaginer de plus concluant contre la création d'un établissement d'État unique et privilégié.

Qu'est-ce d'abord que cette école de Delft dont on veut faire un argument? C'est une école municipale autonome, presque une école privée; ce n'est à aucun degré une école d'État. Il y a eu naguère une école d'État à Leyde. La concurrence étant libre, alors comme aujourd'hui, l'école de Delft a rapidement pris l'avance sur sa rivale officielle, et celle-ci, se voyant entièrement désertée, a pris le parti de fermer ses portes [1]. L'école de Delft est aujourd'hui en possession, non d'un privilége légal, mais d'un monopole de fait, qu'elle a conquis et qu'elle maintient par la seule supériorité de son enseignement. Nous voilà bien loin de l'école créée par le décret du

1. En 1891. V. Chailley-Bert, p. 54.

22 novembre 1889 et investie, alors qu'elle n'existait que sur le papier, d'un droit exclusif aux trois quarts de toutes les places coloniales.

En France, le concours de sortie de l'École ne fait qu'un avec le concours d'entrée de la carrière coloniale. Les élèves de l'École s'y partagent les places sans redouter de compétition. En Hollande, l'école de Delft est simplement admise, avec tout autre établissement qui s'en croirait capable, à envoyer des candidats au « grand examen »[1]. Ce grand examen se passe devant une commission indépendante, formée de hauts fonctionnaires retour des Indes. Est autorisé à s'y présenter, en quelque lieu qu'il ait fait ses études, tout citoyen hollandais qui s'est mis en règle avec les obligations du service militaire et qui justifie de titres sérieux, tels que grades universitaires,

1. Chailley-Bert, p. 49.

diplômes de fin d'études, certificats de sortie des Écoles polytechnique, navale, militaire, agricole, etc.

De même qu'en Angleterre, le champ de sélection a donc été maintenu aussi large que possible, afin qu'aucune capacité et aucune vocation ne soit perdue pour l'État. En France, le décret de 1889 impose aux jeunes gens résidant aux colonies l'obligation de venir à Paris passer trois ans dans l'école privilégiée, avant de courir la fortune incertaine d'un concours. En Hollande, outre le grand examen qui a lieu dans la métropole, il y en a un autre tout à fait distinct à Batavia pour les Hollandais qui habitent l'Insulinde[1]. On n'a pas voulu qu'ils fissent les frais d'un voyage, à plus forte raison d'un séjour en Europe, pour subir finalement les épreuves d'un concours où ils peuvent

1. Loi du 10 juin 1864. Chailley-Bert, p. 50.

échouer. En France, l'École fondée en 1889 prépare des agents pour toutes les parties de notre empire colonial, c'est-à-dire pour des possessions disséminées dans les deux hémisphères et infiniment dissemblables entre elles. En Hollande, le grand examen métropolitain, à plus forte raison, celui de Batavia, ne s'appliquent nullement à l'ensemble des colonies néerlandaises; la Guyane et Curaçao, notamment, n'y sont pas compris [1]. Il n'est appelé à pourvoir de fonctionnaires que les îles de la Sonde, lesquelles présentent dans toute leur étendue un mélange à proportions variées des mêmes races, des mêmes langues et des mêmes religions. S'il y a une préparation et des épreuves communes, *c'est seulement entre les aspirants destinés à servir dans le même groupe géographique et dans des colonies du*

1. Chailley-Bert, p. 12.

même type ethnique et social. Remarquons en outre que les îles de la Sonde ont été soumises jusqu'à ce jour à un mode d'administration très particulier, connu sous le nom de « Système » et qui se distingue par des caractères analogues à ceux d'une exploitation agricole et commerciale [1]. De là résulte, dans la tâche proposée aux fonctionnaires, une simplicité et une régularité singulières, qui expliqueraient au besoin l'unité de *fait* de la préparation. Par les mêmes raisons, l'esprit bureaucratique est ici moins à craindre qu'à rechercher. Esprit bureaucratique, unité de préparation, deux choses fort mal appropriées au contraire à des colonies comme les nôtres, où le problème du gouvernement et de l'admi-

1. Un jour de corvée sur sept dû par les indigènes, le gouvernement retenant le domaine éminent du sol, exerçant le droit de préemption d'une part des produits à un prix qu'il fixe lui-même et les écoulant ensuite avec bénéfice.

nistration, loin de pouvoir être unifié et simplifié, va gagnant de jour en jour en diversité et en complexité, par l'expansion même de notre empire d'outre-mer. Ajoutons, pour avoir tout dit, que le grand examen ne qualifie que pour les places d'administrateurs (on voit de quels administrateurs il s'agit), non pour les fonctions judiciaires [1]. Celles-ci ont été mises à part, et c'est par l'éducation universitaire qu'on s'y achemine. Encore une différence avec le système mis à l'essai en France, où l'École coloniale a le privilège de fournir les substituts, juges suppléants, etc., de nos établissements d'outre-mer.

En résumé, il n'y a peut-être pas un seul point sur lequel l'organisation néerlandaise ne soit pas au contre-pied de l'organisation française, et, bien loin que notre gouverne-

1. Chailley-Bert, p. 74.

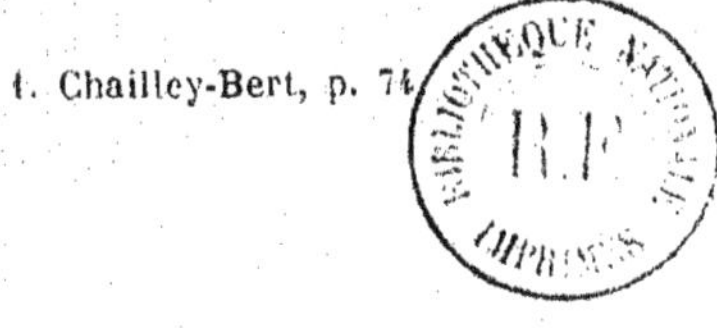

ment trouve aux Pays-Bas un encouragement à persévérer dans ses voies et une confirmation du système inauguré en 1889, il ne peut recueillir d'une enquête approfondie sur les idées, l'esprit et les expériences de nos voisins que des raisons de reconsidérer la question, de mettre fin à un essai aventureux et de chercher une combinaison plus conforme à la nature des choses mieux observées.

VII

Point d'École coloniale unique formant des agents pour toutes les parties de l'empire d'outre-mer; point de monopole des places au profit des élèves d'un établissement quelconque; nécessité d'une organisation moins centralisée, plus souple, plus accessible, plus respectueuse des individualités, plus libre de tenir compte des dons naturels de chaque futur fonctionnaire : voilà, ce me semble, les trois points acquis. Sur le terrain ainsi déblayé et aplani, le moment est venu de tracer les grandes lignes d'une organisation normale.

Premièrement, il y aura lieu, par actes distincts et successifs, rendus en raison d'une opportunité et d'une nécessité bien constatées, de doter chaque groupe ou type colonial d'une commission supérieure, composée des hommes les plus compétents, savants et praticiens, hauts fonctionnaires honoraires, négociants, militaires, marins ayant séjourné dans la colonie et en connaissant les conditions et les besoins. Cette commission doit rester libre de tout lien avec un établissement particulier quelconque. Chargée par délégation d'un mandat public, tout intérêt privé susceptible d'influer sur ses délibérations doit lui être étranger. Le principal avantage d'une si haute et si imposante autorité est qu'on ne sera pas forcé de lui tracer des règles d'appréciation étroites; on pourra lui attribuer, dans le jugement des titres et des aptitudes, cette part de pouvoir discrétionnaire sans laquelle tout procédé de sélection reste imparfait. Un tel pouvoir laissé dans les mains du ministre serait bien vite faussé par d'irrésistibles pressions politiques. Le ministre gagnera à s'en dessaisir et à l'exercer par un corps interposé, placé au-dessus de tout soupçon de complaisance ou de faveur.

Second point : la limite d'âge inférieure imposée aux candidats à l'entrée du stage devrait être relevée à vingt ans, sinon à vingt et un ans, comme elle vient de l'être en Angleterre. C'est le moyen que les illusions de l'adolescent aient eu le temps de se dissiper, ses entraînements d'être calmés par la réflexion, son esprit de s'éclairer par une vue plus large et plus pénétrante de la vie, enfin la vocation de fond de se dégager, laissant retomber les vocations de caprice, d'engouement ou de surprise, si communes dans notre jeunesse.

Quant aux conditions de savoir et d'acquis exigées à l'entrée du stage, il conviendra qu'elles ne soient pas strictement uniformes et qu'il y ait plusieurs types d'instruction substituables entre eux. A ce degré, l'important est bien moins la nature de ce qu'on sait, que le fait qu'on sait bien quelque chose et la preuve qu'on donne par là d'une certaine force et ouverture d'esprit. L'Angleterre nous fournit, sur ce point, un instructif exemple [1]. En France, où les examens abondent, où les écoles sont nombreuses et les diplômes multipliés, la condition d'entrée pourrait être extrêmement simplifiée. Les candidats qui justifieraient, par exemple, d'un diplôme quelconque de licencié ou d'un certain nombre d'examens de médecine ou du certificat de

1. Voyez plus haut.

sortie d'une école publique supérieure (militaire, navale, agricole, commerciale, industrielle....) seraient admissibles au stage. La Hollande a adopté quelque chose de ce système et s'en trouve bien. C'est également celui que la France applique au recrutement des carrières diplomatiques et consulaires. Un examen, où une large part serait faite à l'option entre des matières différentes, pourrait ouvrir en outre l'accès du stage aux jeunes gens qui, ne justifiant d'aucun des titres considérables qui précèdent, auraient, par d'autres gages, donné l'impression qu'ils méritent d'être mis à l'épreuve. C'est à la Commission qu'il appartiendrait de prononcer sur ces cas peu nombreux. La même haute autorité s'assurerait par des médecins commis à cet office, que les candidats possèdent l'aptitude physique. Elle se ferait représenter leur *curriculum vitae*, s'entourerait de tous les renseignements propres à éclairer son jugement, instituerait au besoin une enquête (système anglais) et prononcerait souverainement un certain nombre d'admissions, dans un rapport à déterminer avec le nombre des places éventuellement disponibles. L'excédent d'un nombre sur l'autre se trouverait réduit, au bout de la première année de stage, par l'élimination sous forme officieuse des jeunes gens que leur santé ou leur tempérament mieux connus, leurs allures morales, leur inaptitude à se conduire et à se régler, leur manque d'ardeur et leur tour particulier d'esprit feraient reconnaître impropres à la carrière [1]. Dans ce triage interviendrait, sous le contrôle de la haute commission, le directeur, dont le rôle actif et paternel sera mieux défini un peu plus loin.

1. L'admission sans grade et l'élimination par dissuasion après un certain temps d'épreuve sont le système employé, si je ne me trompe, à l'École des Hautes études.

On voit sans peine que ce procédé de sélection ferait bénéficier les services coloniaux d'un degré de maturité, d'une variété d'aptitudes, d'un choix étudié des caractères, d'une solidité de vocation qu'on ne saurait attendre du système qui ouvre la porte de l'École à tous les bacheliers à partir de dix-huit ans, sans spécialisation d'aucune sorte. Ce même procédé est aussi très supérieur à un autre système qui a ses partisans, le concours d'admissibilité à programme uniforme; celui-là aurait l'inconvénient d'exclure les équivalences de titres et de compétence, comme non susceptibles d'une évaluation exacte en chiffres. Ces sortes de concours ont d'ailleurs le défaut d'aller se chargeant et se compliquant avec le temps, en sorte qu'on peut de moins en moins y faire une place aux dons personnels. Faire appel et ouvrir l'accès du stage à toutes les vocations et aptitudes sans distinction de lieu, sans privilège exclusif au profit d'une certaine école et d'un certain type de préparation préliminaire, pratiquer dans cette variété un premier triage judicieux et impartial, tel est le but et tel serait apparemment le résultat de l'organisation proposée.

Pas plus en Angleterre qu'en France, on ne peut se passer d'une action plus prochaine et plus suivie que celle d'une haute commission centrale. Cette action est exercée généralement, de l'autre côté de la Manche, par les *tuteurs* des collèges, dans les universités où se groupent les candidats[1]. A cette tutelle officieuse, il est plus conforme à notre esprit et à nos habitudes de substituer une influence officielle et régulière. On pourrait donc créer,

1. A Oxford, il y a en outre une « *Délégation de contrôle* », et à Cambridge, un « *board of Indian civil service Studies* », créés spontanément par ces Universités et chargés de surveiller les études des candidats.

dans de grands centres à déterminer, des directeurs responsables, interposés entre la haute commission de chaque groupe colonial et les stagiaires correspondants. L'avantage de cette combinaison est que les jeunes gens soient vus de plus près, que les moyens d'agir sur eux soient plus directs, les moyens de juger leurs aptitudes personnelles plus nombreux et plus sûrs.

Voici comment je me représente ce directeur et son rôle. Ce serait un homme d'une grande compétence, ayant passé de longues années dans la colonie, la connaissant à fond, capable d'en donner la sensation vivante, rien qu'en ouvrant le trésor de ses souvenirs. Après avoir participé au travail de l'admission, il recevrait les élèves, provoquerait de la part de chacun la proposition d'un plan d'études (cours à suivre, rapports à fournir, ouvrages à consulter et à analyser), l'amenderait et l'approuverait, en surveillerait l'exécution. Il ne ferait pas proprement de cours : son enseignement consisterait en entretiens fréquents ou en correspondances actives. Il faut que les jeunes gens le sentent toujours présent et éprouvent constamment sa sollicitude. Or, ne serait-ce pas annuler l'action que peut exercer un tel homme que de le mettre à la tête d'un établissement à chaires nombreuses et variées? Déjà le professeur n'est guère pour les élèves qu'une figure qui se dresse dans une chaire et en disparaît après avoir discouru seule l'espace d'une heure. Le directeur d'une école serait retenu encore plus loin d'eux par la complexité d'une tâche qui embrasse une infinité de soins matériels ou administratifs. Au lieu d'une responsabilité partagée entre lui, qui ne peut pas la prendre, et ses professeurs, qui la déclinent, il faut une responsabilité pesant sur lui seul, et, pour qu'il n'en soit point écrasé, son mandat doit être limité à la tâche, déjà lourde, d'observer, d'encourager, de conseiller ses jeunes disciples. Maître de les réunir et de susciter entre eux un esprit de corps, — celui-là sain et durable, — en commerce personnel avec chacun d'eux, distributeur judicieux des travaux qu'ils auront à faire, guide familier de leurs esprits, il distinguera aisément ceux qu'il faut dissuader de poursuivre et ceux qui pourront fournir avec fruit une seconde période de stage, sous une direction plus sûre encore de ses démarches.

Le distraire de cette tâche et l'user à administrer des choses, lorsqu'il n'a pas trop de tout son temps pour former des hommes, serait le pire des contresens. Quant aux cours d'ordre varié qui pourront être jugés nécessaires, point d'embarras. Il serait inutile, onéreux et en outre chimérique de vouloir les grouper tous dans une école distincte, où les stagiaires iraient les suivre[1]. On peut se fier aux facultés et aux grandes écoles pour organiser ceux qui n'existent pas encore. Les facultés de droit ont déjà donné l'exemple d'en instituer sur demande spéciale. A Paris,

1. L'École coloniale en a-t-elle eu le sentiment? Jusqu'à ce jour, elle a très ouvertement et très largement emprunté autour d'elle. A l'École de droit, à la Sorbonne, au Muséum, à l'Ecole des langues orientales vivantes, elle a fait son bien des cours existants qui pouvaient lui convenir. Elle se tromperait fort si elle croyait de son honneur d'installer sous son toit et de prendre à son compte tous ces enseignements et bien d'autres dont il serait facile de démontrer l'utilité. Se la figure-t-on constituant chez elle toute la variété encyclopédique des chaires, scientifiques, juridiques, économiques, linguistiques, etc., qui correspondent au nom et aux prétentions d'une École coloniale d'ensemble. Elle deviendrait un caravansérail et une Babel! d'autant plus impropre à abriter cette œuvre d'éducation spéciale et d'adaptation d'où peuvent sortir de bons fonctionnaires coloniaux. Au lieu de se laisser induire à ces onéreuses créations, ne ferait-elle pas plus sagement de s'alléger des quelques cours intérieurs qu'elle s'est donnés, de se limiter à l'Indo-Chine par exemple, et de dégager, de délivrer, pour les appliquer à ce seul groupe colonial, les facultés éducatrices et la compétence spéciale de son Directeur, aujourd'hui absorbé par tant de soins d'ordre administratif?

l'École des langues orientales, ailleurs les facultés des lettres, les écoles de commerce, l'initiative privée, sont prêtes à suivre cet exemple. En tout cas, que l'on n'essaie pas de prévoir, pour les inscrire sur un programme uniforme et fixe — par conséquent *limité* — tous les cours que les candidats pourront suivre avec fruit. Laissez les stagiaires libres, suivant les appels de leur curiosité et sur le conseil de leur directeur, d'utiliser telle ou telle des richesses scientifiques existant à leur portée. Quant au directeur, gardez-vous bien de l'engager dans un oiseux travail d'organisation scolaire et dans les soucis d'un délicat contrôle. Qu'il ait pour mission, — non d'assurer la marche d'un enseignement complexe, en y consommant sans grand profit sa force intellectuelle, — mais d'aider chacun de ses disciples à tirer avec choix le meilleur parti possible des cours qui autour d'eux existent déjà, ou qui peuvent être créés dans nos facultés ou écoles sans l'effort d'une nouvelle et onéreuse fondation d'ensemble.

L'examen final viendrait à la suite du stage, dont la durée fixée à deux années pourrait être réduite à un an pour les meilleurs candidats, sur la proposition du directeur. La Commission organiserait cet examen et en composerait le jury. Les épreuves obligatoires porteraient uniquement sur la géographie, l'histoire, les institutions, les mœurs de la colonie et sur les langues qu'on y parle. On pourrait utilement y joindre, pour les non licenciés en droit, des notions de droit administratif et de législation coloniale. Le candidat pourrait présenter en outre, comme sujet d'une épreuve facultative, toute matière qui serait agréée par le jury. Il justifierait de son aptitude à monter à cheval. L'appréciation des concurrents se ferait d'après trois éléments : 1° les titres antérieurs et les notes de stage, complétés par un jugement développé et motivé que les directeurs porteraient sur les qualités et les insuffisances de chaque stagiaire; 2° toute la suite des travaux communiqués au directeur au cours du stage et représentés par celui-ci, avec la correspondance des élèves; 3° les notes obtenues dans les épreuves finales.

Le stage dont il vient d'être question ne doit être conçu que comme l'introduction à un autre stage, celui-là tout pratique, et qui serait fourni dans la colonie même, sous la direction et le contrôle de fonctionnaires expérimentés. Après ce second stage, qui durerait une année, je suppose, le candidat pourrait être admis dans les cadres et nommé à la position pour laquelle le désigneraient ses aptitudes.

VIII

Je reprends, en le réduisant au dispositif, le plan de l'organisation proposée.

1° Institution d'une haute commission des services administratifs pour l'Indo-Chine. Cette colonie est mûre pour une organisation de ce genre. On pourvoira ultérieurement aux autres, à mesure que leurs besoins administratifs augmenteront et se préciseront.

2° Institution d'un directeur d'études à Paris. Un second pourra être institué à Lyon, lorsque les enseignements spéciaux nécessaires auront été créés dans cette ville. Un troisième pourra l'être à Saïgon pour recevoir au débarqué et pour débrouiller les stagiaires; le même maître sera chargé de diriger les études du petit nombre d'aspirants fonctionnaires, résidant en Indo-Chine. A ceux-ci, une portion des places disponibles sera réservée et ils ne concourront qu'entre eux pour les obtenir.

3° En France, stage de deux années, réductible à un an sur la proposition du directeur. Pourront demander à y être admis les jeunes gens de vingt ans au moins et vingt-quatre ans au plus justifiant, par exemple, d'un des diplômes exigés pour l'admissibilité au ministère des Affaires étrangères ou au conseil d'État, ou d'un certain nombre d'inscriptions à la Faculté de médecine, ou du diplôme de l'Institut agronomique, etc..... Pourront en outre être admis à titre exceptionnel, les jeunes gens que la haute commission aura jugé à propos de dispenser de la production d'un de ces titres et qui auront passé à la satisfaction d'un jury les épreuves qu'ils auront été autorisés à subir. Tous signeront l'engagement éventuel de servir l'État dans les colonies pendant un nombre déterminé d'années et jouiront à cette condition des facilités et de l'immunité inscrites dans l'art. 23 de la loi militaire.

Avant de se prononcer, la commission s'entourera de toutes les lumières que peut fournir tant l'examen médical des postulants qu'une enquête approfondie sur le milieu moral et social où ils ont vécu, sur leurs antécédents scolaires, et sur la valeur de leur acquis. D'après ces renseignements, elle déclarera admis un nombre variable de candidats, dans la limite d'un certain rapport avec le nombre final des places à distribuer.

4° Les stagiaires s'établiront dans la ville

où réside un directeur. Ils pourront être autorisés exceptionnellement à demeurer dans une autre ville présentant des ressources d'instruction suffisantes, à la condition de se présenter périodiquement au directeur, et d'entretenir avec lui une correspondance active, où ils rendront compte de leurs travaux. Les stagiaires peu fortunés qui auront à faire les frais d'un établissement dans la ville où habite le directeur recevront à Paris, une annuité de....., à Lyon, une annuité de....... Ils donneront caution du remboursement qui pourra leur être demandé au cas où, soit par une conduite blâmable, soit par l'insuffisance de leur travail, ils encourraient la radiation au cours du stage.

5° Nombreux travaux exécutés par le stagiaire, conformément au plan d'études arrêté entre lui et le directeur : analyses d'ouvrages, développements d'après les notes prises aux cours, observations ou recherches faites spontanément sur les matières enseignées, compositions sur des questions proposées à tous les candidats par le directeur, mémoires développés sur des questions choisies individuellement par eux; entretiens particuliers fréquents du directeur avec chaque stagiaire, réunions générales périodiques. Le directeur forme, avec tous ces moyens d'information, un dossier très ample, très circonstancié et très concluant sur chacun de ses élèves. Ce dossier sert de base au rapport qui sera présenté tous les six mois, et dont s'inspirera la commission pour l'élimination des stagiaires non qualifiés. Il sera aussi l'un des éléments principaux pris en considération dans l'examen final.

6° Cet examen final portera, à titre obligatoire, sur la géographie physique et économique, les institutions, les mœurs et l'histoire de la colonie et sur la principale langue indigène écrite et parlée; à titre facultatif, sur d'autres langues utiles à connaître dans la région. Des notions succinctes de droit seront exigées des candidats non licenciés. Les dossiers communiqués par les directeurs servent d'éléments, avec les notes obtenues, à l'appréciation du jury. Les candidats sont admis par ordre de mérite. Leurs noms sont ensuite portés, par ordre simplement alphabétique, sur la liste insérée à l'*Officiel*. Sur la copie de cette liste communiquée au ministre, le jury indique en regard de chaque nom les qualités de tout ordre, physiques, morales, intellectuelles dont témoignent, pour chaque candidat, les documents recueillis pendant le stage et les épreuves finales, et qui le qualifient plus particulièrement pour telle ou telle nature de poste. Le gouvernement tiendra naturellement compte de ces qualifications pour l'attribution des différentes places.

7° Stage complémentaire d'une année dans

la colonie, d'abord dans les bureaux de l'administration centrale, puis dans les résidences ou les inspections. Le stagiaire sera, à l'expiration de l'année, nommé aux fonctions pour lesquelles il paraîtra définitivement le plus qualifié.

Le plan qui vient d'être exposé n'a pas de prétention au *ne varietur*; c'est un cadre d'expérience, très étudié et probablement définitif dans ses grandes lignes, mais susceptible d'être amendé dans les lignes secondaires, d'après les résultats que donnera l'application. L'un de ses avantages est précisément que, grâce à la division en plusieurs écoles ou *séminaires* spéciaux, le système se prêtera avec plus de souplesse aux modifications à introduire, qu'on y sera moins gêné par la préoccupation des contre-coups sur l'ensemble, et qu'on pourra réaliser, sans difficulté, un degré très supérieur d'*adaptation* aux besoins spéciaux de chaque groupe colonial.

IX

La question du recrutement des fonctionnaires coloniaux est de celles qui veulent être abordées en elles-mêmes, analysées dans tous leurs éléments, et résolues d'après tout ce que cette analyse y a fait découvrir de besoins différents à satisfaire, de forces diverses à utiliser, de difficultés variées à vaincre. Il faut surtout se garder de l'envisager en gros et de la trancher comme si elle était simple. Elle est infiniment complexe, et dans cette complexité, il n'y a moyen de se reconnaître qu'à la lumière d'observations empruntées à la psychologie ethnique et de principes empruntés à la philosophie de l'éducation. Si l'on ne remonte pas jusque-là, on reste sous l'empire des apparences, des analogies superficielles, des phrases toutes faites et des formules vagues. L'expression « école coloniale » est une de ces formules, qui se dérobe dès qu'on veut la préciser. Les mots : « préparation des futurs administrateurs pour les principales colonies françaises » posent mieux la question. Ils fournissent aux recherches et aux réflexions un cadre à la fois plus consistant, plus simple, plus aisément divisible. C'est de là qu'il faut partir, et non d'un terme qui préjuge déjà la solution.

Une autre précaution utile à prendre est d'écarter toute prétention à faire grand et *voyant*. Il faut se donner uniquement et rigoureusement pour but le plus grand bien de l'État et y tendre par les moyens les plus simples et les plus directs. Cela demande quelque effort. Un nom compréhensif et un titre sonore, un édifice qui fait figure sur la voie publique, de nombreux élèves qui entrent et qui sortent, un uniforme peut-être et, en tout cas, un diplôme de plus, autant d'appâts fort goûtés auxquels peut se prendre pour un temps l'opinion irréfléchie. L'homme d'État digne de ce nom dédaigne ces effets de théâtre et de décor. Sa vue perce à travers les triviales mises en scène et les vains prestiges. Il veut voir le fond, sonder les choses elles-mêmes et en dégager ses règles de jugement et de conduite.

Que retiendra-t-on finalement des considérations et des conclusions qui précèdent? Je ne sais. Mais je n'aurai pas perdu ma peine, si j'ai réussi à convaincre les esprits pénétrants et consciencieux que le problème n'est pas de ceux qu'on tranche d'un mot en passant. C'est un problème très grave, très compliqué et très particulier. Il ne se prête pas à une solution banale et par analogie; il ne comporte qu'une solution qui lui est propre et qu'il faut tirer des données même du sujet, en prenant garde de n'en négliger aucune. Aussi devra-t-on y apporter une attention profonde, un jugement non prévenu, la volonté de ne rien concéder à l'ostentation et à l'apparence, la ferme résolution de mesurer la valeur des moyens à l'effet utile, la lenteur et les ménagements d'une exécution divisée et échelonnée. Sans ces précautions, on ne fera rien de bon et de durable.

TABLE DES MATIÈRES

Coulommiers. — Imp. Paul BRODARD. — 85.-95.

Librairie classique ARMAND COLIN et Cie.

ALFRED RAMBAUD

LA FRANCE COLONIALE. Histoire, Géographie, Commerce, par M. Alfred Rambaud, professeur à la Faculté des lettres de Paris, avec la collaboration d'une Société de géographes et de voyageurs. *Sixième édition, entièrement refondue.* 1 vol. in-8°, avec 13 cartes en couleur, broché. 8 »

Ouvrage honoré de souscriptions du Ministère de l'Instruction publique; approuvé par la Commission ministérielle des Bibliothèques populaires et scolaires; adopté pour les Lycées et Collèges de garçons et de filles (Bibliothèques de professeurs, Bibliothèques de quartiers, Livres de prix), et par la Commission des Livres de prix de la Ville de Paris.

SOMMAIRE

Introduction historique, par M. Alfred Rambaud.
L'Algérie, par M. P. Foncin, inspecteur général de l'Université, secrétaire général de l'*Alliance française*.
La Tunisie, par M. J. Tissot.
Le Sénégal et ses dépendances, par M. le colonel Archinard.
La Guinée du Nord : Etablissements de la côte d'Or, Grand Bassam et Assinie, par M. A. Brétignère. — Etablissements de la côte des Esclaves, Porto-Novo, Kotonou, Grand-Popo, par M. Ménard Béraud, revu par M. l'abbé Bouche.
L'Ouest africain, par M. J.-L. Dutreuil de Rhins.
L'Ile de la Réunion, par M. Jacob de Cordemoy, membre du Conseil général de la Réunion.
Madagascar et les îles voisines, par M. Gabriel Marcel, revu par M. Alfred Grandidier.
La mer Rouge : Obock, par M. Paul Soleillet; Cheïkh-Saïd, par M. Paul Bonnetain.
L'Inde française, par M. Henri Deloncle.
L'Indo-Chine française, par M. le colonel Bouïnais et M. Paulus.
L'Océanie française : Tahiti, par M. A. Goupil.
La Nouvelle-Calédonie, par M. Charles Lemire.
Terre-Neuve, Saint-Pierre et Miquelon, par M. le capitaine J. Nicolas.
La Guadeloupe, par M. Isaac, sénateur de la Guadeloupe.
La Martinique, par M. Hurard, député de la Martinique.
La Guyane, par M. Jules Leveillé, professeur à la Faculté de droit de Paris.
Conclusion, par M. A. Rambaud.
Appendice : Soudan et Dahomey, par MM. Rambaud et H. Schirmer.

Depuis quelques années, les esprits se sont tournés, en France, vers les questions coloniales. Mais peu de personnes ont une juste idée de notre puissance coloniale et du véritable intérêt qu'aurait le pays à la voir s'accroître.

M. Alfred Rambaud a voulu donner au public un tableau impartial de nos colonies, qui pût aider à la solution des diverses questions qu'elles soulèvent.

Quelle que fût sa connaissance du sujet dont il a fait une étude spéciale, l'auteur a pensé que nul exposé ne pouvait valoir, pour chaque pays, une étude due à un collaborateur ayant non seulement vu ce pays, mais l'ayant habité, l'ayant exploré dans tous les sens et à tous les points de vue.

www.ingramcontent.com/pod-product-compliance
Ingram Content Group UK Ltd.
Pitfield, Milton Keynes, MK11 3LW, UK
UKHW012043240726
13965UKWH00003B/1012

9 782013 421430